特区

Doctrine

ドクトリン

特区構想
いま日本が抱える
さまざまな問題点の
対処法がここにある

もくじ

第二章　どんな特区が必要か　25

はじめに

これから特区について述べるが、ここでは特区を作るメリットやデメリット、または特区の在り様についてだけを書くわけではないということをご了承願いたい。

本書では、特区がどうあるべきか、さらにみんながそれを活用したらどうなるか、といった運用での変化を提示することを目的とするものである。

そして、政策的なことを述べるだけではなく、特区に対して政治家も市民もどういうものを作ればいいかという方向性を指し示していきたい。要はクルマを作るぞと言って作るのではなく、作るならばこういった機能が必要だという内容を具体的に考えていくことである。

TIMO
TAURANT

第一章

特区構想が日本を変える

特区構想が国を牽引する

まず、特区とは何か考えよう？

特区とは、地方公共団体や民間事業者等からの自発的な発案によって、それぞれの地域特性に応じて規制の特例措置（規制緩和）を導入する特定の地域を設けることをいう。この特区を設けることで地域を活性化させひいては日本全体の構造改革を進めていこうというものである。

昨今、「戦略特区」と「特区」という名前が混同してメディアにも取り上げられるが、本来の「特区」は、地域全体の自発的な発案によって引き出される地域住民主体の特別なエリアでなくてはならないはずである。

メディアに取りざたされている「戦略特区」というものはあくまでも行政主体であり、目的を持った特定の業態に対しての戦略的な活動をするものである。つまり、「戦略特区」は政治家が考えるものであり、「特区」は民衆が考えるものといった考え方を持って読んでもらえばいいと思う。

この「特区」における規制緩和とは何に対して行なうかというと、税や制度の運用方法、規制に対しての新しい取り組み方といったものが挙げられる。さらにここには、これまでのルールを排除するだけでなく、積極的に新しいルールを作り出すという意味もあるだろう。「特区」というのは、要は独立国であり、独立したエリアであると考えればいい。

極端にわかりやすく言えば、江戸村のようなものを作り、このエリアでは全員和服を着用しましょうというのが「特区」の特長である。このエリアは電線をすべて地中に埋めなさいといったものや、このエリアの電力はすべて再生可能なものを使いなさいといった考え方もそうである。

外国から客観的に見て、いまの日本は金太郎飴のごとく、どこを見ても同じような国だと思われる。どの町に行こうが同じコンビニエンスストアがあり、同じような飲食店が並んでいる。似たような風景が続き、同じ物が売れる。ところが、かつての日本はこうではなかった。江戸時代には各藩の自治が認められていたため、藩によってルールが異なり、法律や制度も各々の藩主が定めていた。そのため、ここの藩に行けばこういう制度があるなど、さまざまであり、それぞれの藩は個性的なものであったといえる。そして、これらの多種多様な藩を束ねていたのが江戸幕府であり、天皇であった。その後、明治維新により、ひとつの国になることで、それぞれの藩の良さや制度が活かされて大きな国になった。ただその結果、地方の魅力は半減し、全体が同じような国になってしまった。

たとえばアメリカを見るとどうか。アメリカの強さの源は何かというと、各州によって法律が異なるところである。要は、それぞれの州が「特区」であるということにもなる。ネバダ州ラスベガスであれば、法人税や個人所得税がなく、他の税もかなり優遇されているだけでなく、結婚がしやすい（アメリカの多くの州で採用されている血液検査や婚姻許可前の再考期間もない）ことやカジノが許されていることなどから世界的な観光都市であり大企業が集中する場となっている。また、州によっては飲酒可能な年齢も異なり、死刑のない州もある。つまりひとつの国でありながら「特区」がたくさんあるということになる。

さて、いま日本で言われている「特区構想」の源は何か、その歴史を紐解くと、江戸時代に長崎にあった出島に行き着く。小さな島だが、そこだけがオランダ貿易を認められている特別な場所であった。

この例からも日本という国は、「特区」という都

合のいいエリアを作るのが歴史的にも合っているといえる。これは恐れを抱くものに対して部分的に開放するというやり方の方が全体的な開放よりも上手く立ち回れることを日本人が「あ、うん」の呼吸で知っているからだと思う。

このように、特区制度自身は、日本に当てはまり、とても進みやすい制度だといえる。ただし、特区を設定するにあたっては、ある程度の民意が必要になり、この民意も地域のものと国では異なってくることを考えなくてはならない。それが一番あらわになってくるのは、原子力発電所の招致に関してである。賛成の自治体もあり、反対の自治体もあるが、それを国単位で考えるのではなく、地域に選ばせているのが現状だ。このままでは、今後、日本は、多くの課題を抱えながらも進まずにいる状態が続くであろう。

しかし、それらの問題点を、いまだに国単位でさまざまな政策を駆使して乗り切ろうとしているのが現状である。例として、「観光立国」を目指す日本国政府は２００３年以降、「訪日外国人旅行者１０００万人」を目標に、ビジット・ジャパン・キャンペーン（ＶＪＣ）を展開。２０１３年12月にようやく目標を達成した。しかし、まだまだ世界観光の順位はベスト30にも及ばない観光途上国といえる。外国人が日本にたくさん来るような政策を作って大きな予算を取っているが、国全体が動いてもなかなか有効に予算が使われているとは言い難い（結果的には観光ビザの緩和と円安になってきために外国人の来日数は増加した)。

現在、政府は2020年までに「2000万人」という目標を掲げているが、外国人旅行者のための環境整備や日本の魅力の対外発信、国際会議の誘致など、なお一層のプロモーション活動が必要と思われる。

ところが、国全体が同時に魅力を増すことはなかなか難しい。国全体で議論すると、道路を整備しよう、看板の英語表記を増やそう、複数言語のパンフを作ろう、国際基準のホテルを増やそうといったあたり前のことしか思いつかない。本来はエリア自身が魅力を持つ必要があり、そこのエリアでしかできないことを作っていかなくてはならないはずだ。ひいては国の政策課題にも「特区」を活用して結論を導いていく必要がある。

「特区」の活用法は観光だけではなく、、関税や、TPPの問題にも当てはまる。TPPでは、日本全体で行うと農業が崩壊するといった意見もあるが、そういう問題には、ある特定のエリアを特区として行ってみて、その様子を見ることもできる。それで不具合があれば地域を広げなければいいだけのことだ。逆によければ国まるごと同じ規則にすればいいのである。「特区」を活用した構想の本来のありかただといえる。

世界を見渡すと、国の「特区」として魅力的に行われているのが、タックスヘブンといわれている関税がゼロといった地域である。たとえば、オランダ領アンティル諸島はタックスヘブンであり、ここにヨーロッパの富の1／3ほどが流れているという。スイスのように国全体がタックスヘブンという生き方もあるが、国がそうなるためには相当な時間が必要となる。日本もこれらの例を見習って行えばいいじゃないかとなるが、日本では何かを決めるのに時間がかかりすぎる。日本は構造的に停滞する政治制度を持っている。民意が幅を利かせており、実際にリーダーシップが弱いために何事もなかなか前に進まない傾向がある。それを打破するには、いまのように全体で動くのは難しいといえる。だからこそ個別の案件で検討し、人がついてくるようにする必要がある。

明治維新でも、実際にこの国を変えたのは長州・薩摩の下級武士であったことを思い出してもらいたい。この国では、誰かが強力なリーダーシップで引っ張って行かないと誰も付いてこないのが現実だ。そういう意味でいま、特区構想が練られ、正しい「特区」のあり方を考えて牽引した者こそが国を動かすことができるということになる。

規制緩和が文化を育てる

私が関わっているイベント業は規制との戦いといえる。以前、掛川城を借りてパーティーを行ったときも、元々は、海外のコンベンションオーガナイザーから日本で行うコンベンションで皇居を借りることはできないかといったところからスタートしたものであった。荒唐無稽の話のように聞こえるかもしれないが、海外では博物館や公共の施設、さらにはお城でイベントを行うことが比較的簡単であるために、外国のクライアントはあたり前のように開催地を皇居に指定してきたのである。

これは、海外の多くの国では、政治力によって、規制を排除した特別なイベントが行いやすいからだといえる。ところが日本では、ここからここまでは港湾部、ここは公園部、ここからは違う自治体、というように、数々の複雑な手続きがあり、さまざまな問題を生むのである。横の連携はまったくなされていないために、何かをするための窓口が複数になってしまう。どんなにいいアイディアがあっても、それぞれに規制があり、実現不可能になることが多いのである。そして、恐ろしいことに、このような複雑な仕組みに対してだれも疑問を持っていないのが日本人である。このような状況では、よほど志の高い人間でない限り何もできないといえるだろう。

本来、文化大国であるはずの我が国であるが、このような状況下では、今後の文化はなかなか育たないのではないかと思わざるを得ない。かつて出雲のお国が京の河原で歌舞伎を始めたように、規制の少ない場所を選んでは、そこで何かを行うことこそ、これからのこの国には必要なことだと思う。だからこそ規制緩和を伴った特区構想が必要になるのである。

日本において政治的な特区以外の「特区」がすでに存在することをみなさんもご存知のことと思う。東京都内において未成年者が夜の飲食店に入っていることで、クラブというものが即座に営業停止になっている。ところが、千年の都、京都においては、16歳の女の子が舞子という名の下にお酒が出る飲食の現場で舞を舞い、お酌をすることが文化として認められている。つまりこのことは否定されるものではなく、風俗営業法という法律すら凌駕《りょうが》する文化的な誰もが暗黙的に認めた「特区」を京都という町は持っていることになる。そのおかげでどれほど魅力的な文化が育てられて京都らしい粋をみんなが享受しているかを考えてみたことはあるだろうか。つまり、「特区」というものは本来自然発生的にも行われることがあり得るというよい例である。歌舞伎や能においても当初は民衆から眉を顰《ひそ》められていたものが芸能として育っていった。このことは時の権力者から見れば喜ばしいことではない。規制されるべき法律の中に組み込まれることなく、はみ出して育っていく文化の方がおもしろいのである。

日本人には特区が必要だ

日本人はいったんこうだと決められると、そこにあてはまった動きをする傾向にある。

ひとつの例として、NPO法人という非営利団体の存在がある。NPO法人だから利益をあげてはいけないと思い込んでしまう。そのため、このNPO法人でも利益をあげることを目指す方法があるのではないかということに誰も思いが至らない。つまり言葉のしがらみにとらわれ、ボランティアは無料でなくてはならないということをあたり前のように思っている。しかし、世界を見渡すと有償のボランティアという方法をとっている国も少なくはない。ところが、日本では、そのような枠をはみ出した考え方が発生しにくい。

だからこそ、従来の概念からはみ出したものを最初から用意することによって初めて新しい考え方や発想が生まれるはずである。

最初の第一歩として「あっ、このような方向もあるな」という方向付けの参考となるのが「特区」にして考えたらどうなるだろうかということである。

決められたことに従順であるところは日本人のいいところだが、一方、従順であるがゆえに物事が進まない欠点もある。素直なところも気質としては素晴らしいが、決められた枠の中でしか考えられないということが新しいものへの弊害となっていることを自覚しなくてはならないだろう。

まったくクルマが走ってない交差点で、赤信号であるために道を渡れない国民性が日本人のいいところでもあり融通の効かない部分でもある。青信号なら安心して渡るが、実際そこにクルマが突っ込んでくるといった異常事態がないとも限らないのである。つまりその場にあった臨機応変な判断が日本人には難しいといえる。

このような日本人にこそ特区制度によって新しい考え方を試してみる必要があるといえるのではないだろうか

特区構想は少人数で実現できる

法律などの新たな物事を決めるときは、国全体で議論して決定してから動くのが通常であるが、特区構想に関しては特定の限られたエリアの少人数で作ることが可能である。つまり、○○県○○町○○村を○○特区にしようとすると○○村の人口の大半である数百人が賛同して申請すればいいのである。いま、国が考えている特区構想は、都道府県単位で行われているが、将来的には村単位で受け入れられることも可能なはずである。

たとえば国政選挙であれば、個人が投票しようがしまいが大勢にはあまり影響しないと考えがちであるが、特区構想というのは分母になる単位が小さくなるために、それぞれの人間が意識を持って参加することで、相当なレベルで自分の顔が見える「特区」ができることとなる。

かつての長崎の出島は本当に小さなエリアであり、それゆえに大胆な決め事ができたのだといえるだろう。いまの日本では、それぞれのエリアが特区構想により、どういったメリットがあるかを考えながら、それぞれがひとつのまとまった単位で動くことで可能性が出てくるといえる。

「特区」というのは限られたエリアの限られた人たちが手をつなげばできることである。したがって、個々の住民も意識を持って「特区」のことを考えていかなくてはならない。同時に、行政でも「特区」の使い方を議論してもらいたい。そして、未来の特区構想は全国民にとって、どの法案よりも身近であることを理解してもらいたいのである。つまり、それぞれの「特区」は、過半数以上の住民の賛成が必要であり、それぞれの小さな単位の中で説得、構想、そしてさまざまなシミュレーションが行われる必要がある。その中で取捨選択して自分たちの「特区」を選んでいくという作業が必要となる。この部分は、上意下達《じょういかたつ》で与えられる戦略特区とは別ものである。

中国の発展に貢献した香港という特区

中国のいまの発展は香港という「特区」があったからといえる。香港という資本主義経済を持った起爆剤があったからこそ社会主義中国はスムースに発展できたのである。元々社会主義の国が資本主義の経済に積極的に取り組むといって、上海を発展させたとしても、すでに成熟した資本主義経済を行っていた香港の成功例がなければこのような急速な発展は成立しえなかったと思われる。そして現在は、その延長線上に、上海の浦東地区など各地の主要都市を経済特区にすることで、さらなる発展を目指しているのである。

このように海外での成長の例を見ても特区構想はあなどれない。

海外によい事例があるにもかかわらず、日本

には、まだまだ満足できる特区構想が取り入れられてはいない。国土的に小さな国であるにもかかわらず行政が複雑であるため、いつまでたっても前に進めないのが現実だ。

　身近な問題で言えば、幼稚園と保育園が管轄省庁の違いによっていつまでたってもなかなか一本化できないでいることがあげられる。そのために不自由な思いをされている人も多いことであろう。規制が邪魔をしているのであれば「特区」を作り、一度このふたつの設備を一本化してみてその問題点を探る試みが必要なのではないかと思う。

　さらにいま、日本の産業が空洞化していると言われているが、なぜ企業が海外に生産拠点を移しているのかを改めて考えてみる必要がある。

　海外では工業団地を整備し、税金を安くするだけで

なく、さまざまな便宜を図るという有利な面がある。ある意味、このような海外の工業団地は「特区」といえるだろう。同じように、日本にある工業団地も「特区」にして、税金の問題や就労時間の問題など、既存の規制からはずして考えれば産業の空洞化は防げるはずである。もちろん物価や人件費の面ではアジアの国々となかなか競争できないであろうが、企業にとっては規制を緩めるだけでも大きなメリットがあると考えるべきではないだろうか。

先述した中国と香港の関係は元々中国政府が考えついた戦略的特区というよりも不幸な植民地時代の遺産といえる資本主義香港がたまたま社会主義中国の中に取り込まれていくことによって「特区」という形が偶然発生することで大きなメリットが生まれたのである。

何千年かに一度という偶発的に「特区」が起こるのを待つのではなく、「特区」というもののメリットを分析し、アメリカや中国が自然発生的に得た「特区」のメリットを参考にして、日本は人為的、計画的に作っていくことで、もっと明るい近未来国家を作れる可能性を秘めているのではないだろうか。

第二章

どんな特区が必要か

どのような特区を作る必要があるか

特区に関しては異論もたくさんあるだろうが私の考えをここでは述べようと思う。

まず、最近よく話題になるのが法人税の問題である。法人税では、法定実効税率というのがあり、日本ではこれを40％と定めている。ところが、隣国の韓国や、マレー半島のシンガポールでは25％である。そうなると、日本から韓国やシンガポールに法人を移そうといった動きが起こるのは当然のことであろう。そこに微妙に絡んでくるのが審議中のＴＰＰ問題となる。日本がＴＰＰに加入しないと、電機メーカーがテレビを海外に輸出しようとしたときに14％の税がかかることになる。しかし、仮に韓国がＴＰＰに加入したとすると、韓国から他のＴＰＰ加入国への輸出に関しての関税はゼロになる。法人税が25％というだけでなく輸出入の税金がないとなると日本は競争力を失い、韓国に法人を設立しようといったことも多くの企業が考えてもおかしくない。

特区では、特別な規制を排除していくことが可能であるため、これらの問題も考えることができる。しかし、国の中で法人税をある特定のエリアだけ下げるとすると、法人の住所だけそこに置くといった企業が出てくる可能性があり、国の税制が成り立たなくなるという別の問題が発生する。このことを防ぐために特区では別の規制を敷かなくてはならない。

たとえば、「1000人以上雇用している工場をエリア内に所持している企業に対しての特別な税制」「1000人の社員の内8割以上がそのエリアに住居を置かなくてはならない」「何歳以上の従業員や女性従業員を○%雇う」などの別の規制が必要となるだろう。そして、法人税は下げるが、住民が増えることから住民税を取ることや町の内需活性化を狙うのが特区の特長にもなる。しかし、このような特区はなかなか生まれないのがいまの日本である。

これらのことがなぜ簡単にできないかというと、規制が二つ以上の省庁にまたがっていることが多いからといえる。この省庁間をまたがる業務に関して、特区といえども各省庁との打ち合わせが容易でないという問題をかかえている。

仮に、ある特区が1000人以上の工場を10件造り、そして住民税などの税金面で潤うとしよう。当然、インフラの関係もあるのでエリア内のキャパシティには限りがある。そして、10件を引き受けることでそのエリアがキャパシティオーバーになった場合、その次のステップとしてその周辺のエリアも特区として手を挙げればいい。このように特区そのものが広がっていき、さらには全国一律になることもありえると考えていい。国全体ではなかなかできなかったことを特定のエリアが成功し、それが広がっていくことは小が大を飲み込むケースとして日本の政治体系の中では可とするべきである。さらにはその特区が発展して5年10年後に全国に行き渡ることで、そのエリアのメリットが少なくなり全国的な展開として受け入れられるようになればそれはエリアの損失ではなく全体でよい方向へと向かったことで受け入れられるはずである。

所得税特区・子育て特区で若者の町

所得税に関してはエリアによって変えることができないが、控除方法を考えることで所得税特区は実現できる。
たとえば、子どもが3人以上いる家庭に対して特別な控除を決めると、たくさん子どものいる家庭がこのエリアに越して来る可能性が出てくる。さらに、このエリアでは子どもたちを増やすことで将来の都市構想に活かしたいとか、若者の町を作りたいといった計画が立てられる。
そこで、先述した、なかなか前に進まない、厚生労働省の保育園と文部科学省の幼稚園が合体した子ども園の問題が再浮上するであろうが、特区という利点を使い実験的に一貫教育を実現して、省庁のわけ隔てなく子育て特区にするという考え方でもいいだろう。

たとえば、多摩ニュータウンのように高齢者ばかりで困っているようなエリアにこの特区を作ると、都市の機能が変わり、町が生き返るといったことにもつながるはずである。

実際に生命保険や傷害保険には控除があるという理由で入っている人が多いため、所得税に関わる問題は小さな変革が大きな動きを生む可能性が高いといえる。したがって、ほんの小さな所得の部分だけでも特区として取り上げることによって人は動き、魅力的な町が実現するはずである。

この特区の特徴は？

・現在ある子育て新制度における「地域型保育給付」「認定こども園」の限定的拡大が可能。
・特区における収入案：子どものいる世帯の流入による住民税・市民税・所得税の増益。
・働き盛りの労働力の流入。
・若者夫婦の加入による地域の活性化。
・こども園に高齢者の雇用をすることによる一人暮らし老人の生きがいづくり。
・高齢者世代の雇用拡大
・子育て環境が整う事で女性の多い企業や核家族の多い企業が進出してくる素地ができる。
※所得税特区と子育て特区は別。所得税特区は子育てに関係なく所得税をベースにするため高額所得者が集約しやすい。つまり海外流出している所得税を日本に留保できる。また、高額所得者が集約すると町の環境がアップするだけでなく質のいい住民が集まる。

産業認定特区で芸術家の町を作る

産業認定特区は、特定の産業の人、たとえば人間国宝のような伝統工芸家やデザイナー、ＩＴのゲーマー、大道芸人などの人に対し、特定の産業として認定を与え、所得税や住民税に控除を設ける制度を作ったエリアである。この特区ができると、芸術家などが集まって来るために、ニューヨークのソーホーのような町ができるはずだ。ここでは、日本中のデザイナーや工芸師が集まって、町に魅力が出れば、新たな店や博物館などができ、町が活性化するはずである。

特区でなければ、そのような特定の産業を行っている人に、ただ来てくださいといってもだれも来ないが優遇された条件がそろえば自然と全国から集まるはずである。

文化の発生というのは元々感度の高い人たちが集まることによって行われてきた。たとえば、原宿においてキディランドができたことによって中心的にファッション雑貨が集まり、それが集まることにより、各ファッション関係のアンテナショップが集まり、それに付随してカフェ文化が起き、表参道、青山といったおしゃれエリアが形成されていった。大阪におけるアメリカ村もしかりである。実際にはこのような町の起こりというのは特定のショップが引き金となり、感度の高い人たちが集まりやす

い環境ができていくという流れができている。海外においては、ニューヨークのソーホーにあるように、倉庫街に空いたスペースをどのように活用していくかというところから、そのコストパフォーマンスのよさで芸術家たちが集まるという現象が起きたりしてい

る。つまり、小さなきっかけで感度の高い人たちは集まりやすくなっている。そこを、産業認定特区として後押しすることによって、おしゃれな町づくりや方向性のある町づくりが定められることになる。たとえば、江戸の町というようなくくりで、方向性を定めたいのであれば、着物や風鈴、和の制作物に関しての控除を作ればよいであろうし、軽食文化を発展させたいとなれば、コーヒーのバリスタなどに対しての控除を振興すれば、もしくはスイーツを作るパティシエとかに控除を進めればいいということで、さまざまな方向性を地域単位で進めることが簡単になるはずである。

この特区の特徴は？

・特定の産業に従事するものに対して（認定制）、住民税や所得税を一定控除。
・特区における収入案：全国から優秀な職人が集まるため、町自体に魅力が出る。博物館や体験工房などの活性化で観光収入が増加する。オリジナルの商品を開発し出荷することも可能。
・芸術家が多く集まる事で街づくりが爆発する。ニューヨークのSOHO、表参道、原宿など。
・個性のある街づくりができる。
・街に活気が生まれる。
・文化発信となり　コンテンツビジネスが集まりやすい。
・法人税増大。
・芸術のあるところには若者世代が集まる。
・芸術の方向性を任意に定めることができる。

退職手当特区でリッチ&まじめなシニアの町を作る

ここは退職手当に対して、所得税を減税するという特区である。退職手当をもらう人の多くは、仕事を働き上げたまじめな人だといえる。そしてお金も持っている余裕のある人だと想像できる。ここで注目すべきは、退職手当に対して減税することで、これまで閉塞感のあった町に、このようなリッチな人たちが引っ越してくることにある。もちろん、一時的に住むのではなく最低5年間は住むという設定をする必要があるであろう。そして、リッチでまじめなシニアがたくさん住むことで、町は潤い、活気が出てくるはずだ。高齢者が増えることを恐れるのではなく、アクティブな高齢者が集まることで別の活性化を生むことに期待できる特区だといえる。

現実的にいまの日本は団塊の世代といわれる55歳以上の人が大半を占めるといういびつな人口構造が出来上がってきている。さらには、人口曲線として若年化するほど下がっている。つまり、町が税収で潤うためにはいかにシニア層を取り込むかというのがひとつの取り組みであるが、ただシニアを取り込むという方向性においても生活保護受給者が大量に流入するという方向性を町が作ってしまうと、その町の経済は破綻することとなる。したがって、一定の取り組みで収入がある程度見込まれる年長者が集結することをどのように持っていくかということを考える必要が出てくる。その場合、生活保護受給者は来ないでくださいというような取り組みはできない。そうではなく、もっとポジティブな動きとして、退職手当というハードルを設け、退職手当を受給できる方が住んでくれるというこ

とで良質な高齢者が町に流入してくれるというルートを築くことができる。

　良質な高齢者が増えることで、持っている資産の活用が活発化して消費が増加することを狙う。なおかつ良質な高齢者が日々行う生活の中でカルチャースクールや、ログハウス造りも含めた活動が消費につながるという大きな動きになるはずだ。このような動きの例として、鎌倉などがこれに近いものと思われる。良質な人は良質な人を呼ぶのである。このように、地域はどの層の人たちをどのように取り込みたいかによって特区という制度を活用していく方向性を持てばいい。

この特区の特徴は？

・日本の特定の年齢層にターゲットを合わせた住民確保の手段がある。
・若年層を取り込みたいという動きの中で、あえて高齢者を取り込もうとする逆の発想。
・リッチなシニアが集まることによる消費拡大。

譲渡所得特区で大家族の町を作る

相続税や譲渡税を1％でもいいから減税するといった特区を作ると、親と子どもがまとめてそこの住民になる可能性が出てくる。そして、気がつけばシニアと若者が集まり、大家族だらけの町ができるかもしれない。であれば、減税しても必ずしも税収が下がるわけではないといえる。多少首都圏から離れていても1時間半ぐらいの通勤圏であれば転入してくる家族は多いはずだ。

日本においては、相続税貧乏というのがあり、財産を相続することにより一旦財産を全部整理した上で相続税の額を決められてそれを支払わなくてはならないという義務が生じる。あまりにも相続税に対しての負担がつらい場合は、相続の放棄という手順がある。その場合、負債も放棄するが利益も放棄することになる。いっさい受けないか全部受けるかの二択しかない。ここにもう一択を増やす方法がある。今後は、全部引き受けるか、放棄するか、特区に引っ越すという選択ができるようにすればいい。

これもただ住居を移すだけではだめで、条件を設定する必要がある。

人が亡くなった後に移動するのではなくて、亡くなりそうだからといって移動するのもダメで、資産家が将来、子どもや孫に相続税で迷惑をかけないために5年以上住むとかという方向性を作る。さらに、おじいちゃんやおばあちゃんだけがそこに住むのではなく、家族全体の住民票がそこにあるという前提のもとで相続税特区を作る。

たとえば、都心から1時間から2時間の郊外で土地が安い場所に特区ができれば、引っ越す人も出てくるはずである。家族全体で引っ越すため世代をしっかり引き継いでいることで人口は増加し、町は活性化することとなる。

この特区の特徴は？

・相続税・贈与税の減税による2世代住宅等の増加。
・特区における収入案：大家族が増えるために、所得税・住民税等の税収増加が見込まれる。
・大型スーパーなどの商業施設が誘致できる。
・塾や学校の生徒人口が増えて街に活気が生まれる。
・質のよい住民が集まる。

スポーツ選手特区でエリート選手を育成

日本はスポーツ施設はある程度は整っているが、スポーツ選手に対してのアフターキャリアやその他の制度が整っていないために選手になろうとする人たちのモチベーションが一歩踏み込めない状況になっていると言わざるを得ない。

たとえばオリンピックでメダルを獲得しても金メダルで300万円、銀メダル200万円、銅メダル100万円で終わりとなる。その後はスポーツインストラクターや教師への道が主である。実際に多くのメダリストたちと会うと、彼らのほとんどがスポーツ協会に残る以外の道として、教室を開いたり、過去の業績によりコメンテーターとなったり、出版をしたりする生き方しかできていない悲しい現実がある。実際には、国のために何かを達成した人や実績をあげた者に対して国民栄誉賞という賞を与えるだけでなく現実的な意味で、スポーツエリートたちが賞を確保したその後の道までも考えられるような特区を作ることによって、スポーツ行政をもっと完成度の高いものにすることができるのではないかと思う。そこで、スポーツにおいて特定の業績を上げた者に対して住民税と所得税を控除するスポーツ選手特区を作るのはどうであろうか。

スポーツ選手特区は、スポーツエリートたちが集まってくるエリアとして成り立つわけであるから、そこに多くのスポーツエリートたちのノウハウとスポーツ施設を造ることにより、それらの人たちがアフターキャリアとして活用できる道をスポーツ団体ではなく行政としてインフラの整備と合わせて行うのがよいであろう。よい指導者とよい施設、この2つを一度に手に入れることができることで、さらに発達したスポーツ行政が成り立つ動きとなる。もちろん、魅力的な町作りにはなるであろうが、スポーツエリートたちに所得税と住民税を控除することによる税収の減ということに対しての対処方法も考えなくてはならない。スポーツエリートたちの税収を軽減するのと施設を拡充することによる費用増が出てくることで従来まではこのような案が浮上しては消えていったのである。すなわち減った収入に対してどのように収入を増やしていくかという、支出と収入と双方を考えるプランを作ることが特区成立の大きな要素と

なる。

たとえば、このスポーツ選手特区というエリアはスポーツを目指す者にとって非常に魅力的な特区であるため、この特区に対して、目的税を作ることによってスポーツを目指す者たちが訪ねてくること、もしくはこの特区の特殊な環境に対して個々が目的税を作ることによって対処してはどうであろうか。

一つの例として、スポーツエリートたちの減税をすることと引き換えに、週に何時間、月に何時間の行政への協力を行うことを制度化するのもいいであろう。そして、スポーツエリートたちが優れたスポーツ施設にトレーナーとして訪れることにより、その施設もしくはこのエリアに人が集まってくる。そこで目的税としてエリア利用における、一人いくらという富士登山の入山料のようなものを設ければいいと思う。

スポーツ施設スポーツ施設利用料とは別にエリア活用ということにおける外部からの目的税を設置することにより、訪問者はスポーツを楽しみ、スポーツエリートたちは訪問者に対して精度の高い指導を行うことが可能となる。このような高いレベルの指導を拡充することによって、このエリアから新たなスポーツエリートが誕生する素地ができることとなる。さらには、シニア層のスポーツ振興への大きな礎にもなるであろう。

この特区により、国のスポーツ行政をリードすることが可能となり、このような特徴がスポーツ選手特区の大きな利点となるであろう。

この特区の特徴は？

・スポーツにおいて特定の基準以上の業績を上げたものに対して住民税・所得税の一定控除することで優秀なスポーツ関係者が集まる。将来の優秀なスポーツ選手を育成できる。
・特区における収入案：最新のスポーツ施設と指導を受けるために外部からの入場に対して目的税を徴収。スポーツメーカーの研究機関や工場の誘致による法人税の増加。
・大型の運動施設を創設する場合、そこで勤務できる専門家が容易に集まる。
・専門家同士が切磋琢磨、情報交換することにより最先端のスポーツ環境ができる。
・施設運営やクラスを自治体で運営することによる利益。
・マンチェスターユナイテッドやレアルマドリッドのような街中に利益還元できるスポーツの振興団体の誘致。

研究者特区で日本の頭脳を流出させない

近年、日本の頭脳の海外流出が問題となっている。

これは日本の学者たちが定年を過ぎると、ただの人になってしまうことに問題がある。定年後は名誉教授とは名ばかりで安い給料で働いている人がほとんどである。したがって当然のごとく、韓国やシンガポール、インドなどに高給で雇われて流れていってしまう。それで韓国のサムソンは日本の電機メーカーから定年した人材を5倍10倍の費用で雇い大成功した。そして、いまではシンガポール、マレーシア、中国の企業でも同じようなことが起こっている。

また、アメリカも年齢に関わらず優秀な頭脳は研究者として雇っているためにまだまだ研究を続けたい日本のシニア層はどんどん流出していく。こんな学者たちを特区に集めて減税だけでなく研究しやすく住みやすい町を作るといい。

現実的にＩＰＳ細胞の山中教授に対して日本政府が必死になって引き止めなかったら、海外にＩＰＳ細胞の研究は流出したと言われている。つまり、たまたま山中教授は研究者として比較的若かったために研究費の増大や定年と関係ないレベルでの話で教授の海外行きを食い止めることができたにすぎない。

　青色ダイオードで時代を変えたアメリカカリフォルニア大学サンタバーバラ校の中村修二先生が元在籍していた日亜化学工業と発光ダイオードの発明における利益に関してのトラブルが長期化したのは皆さんも記憶に新しいところであろう。日亜化学工業からすると数千億の利益を出したものに対してわずかなボーナスすら渋ったという現実により、頭脳はアメリカへと流出していった。

　日本においては、公務員制度も含めて、特定の研究者に対しての定年後の給与の形成については在職中の給与よりも安い給与で嘱託という形で残すという制度がほとんどであるが、実際に完成された頭脳に対してこのような扱いでいいのであろうか。それ故に、日本は日本人であることに甘えているとしか思えない。日本人であるから日本のために、給与が安くても尽くしてくれるだろうといった考え方は、今後のグローバルな世の中においては成り立たなくなるであろう。

　事実、作者の父親である高橋敷氏も日本における宇宙物理学研究の給与の対価と海外におけるＮＡＳＡでの給与の対価が20倍以上も違うことによって海外に勤務することを決意した事実がある。このように、日本は悪平等を基本とした社会主義的な要素が非常に多い国であると言わざるを得ない。

　日本は、特定のプロフェッショナル、つまりその中でも際立って、研究者に対しての対価が非常に低い。国を変えるのは、産業技術であり、技術大国として世界に名を売っていくのであれば技術者や

学者を優遇する制度を国として備えなくてはならないはずである。そして、これらを国ができないのであれば、特区でそれを行うことが必要であろう。

優秀な学者に対して、雑誌『サイエンティスト』に掲載された重要人物に対しては即座にコンタクトしてくるシンガポールや韓国、ひいては中国の企業に対抗するために、日本には学者特区が必須になるであろう。

当然日本において、特区という形で優秀な学者たちを集めることによって、ただ人を集めるだけでなく、研究開発をしやすい町づくりをする必要がある。筑波研究学園都市や関西における京阪奈学研都市のように研究施設を集めることによって学者をひきとめるというインフラ系の整備というのも必要ではあるが、それだけではなく減税をすることや免税をすることによる学者への優待を拡充する特区というのが必要となるであろう。

元々、研究者というのは、自分自身の所得だけでなく、研究開発費をいかに集めるかがすべての研究者にとって大きなテーマとなっている。そして、多くの研究者の間で企業から受けた研究開発費と所得との財務処理の不備によって多額の税金を納めることを余儀なくされている場合が少なくない。

研究者に節税や研究開発費の貸借対照表上の対抗措置などを考える時間を与えるよりも、減税を堂々とすることによって研究そのものに集中させ、なおかつ所得の増加をはかることによって日本という国の中で研究する環境を整えてあげればよい。

環境が整えば、よい研究者が集まることによってその町では多くの会合やミーティングが頻繁に行われ、ひいては多くの発明や多くの新発見が生まれることも可能となってくる。そして、やがてはシリコンバレーのような特定の分野に特化した国として起爆剤となる大きな発見が生まれることにもなるであろう。

海外に流出していた学者たちをその町に呼び寄せるだけでなく、海外の研究者たちまでも日本に集まりやすい、求心力のある地域を特区として目指すべきである。

実は60歳ぐらいの科学者は一番油がのりきった状態だと考えていい。定年の数年前から新しい構想を持っているために、その技術を実現するために潤沢な準備のある場所に移籍するのは当然といえる。条件のよい場所に移籍して新たな特許申請も行う場合が多いという。これまで研究してきたものよりもさらに新しいものを開発するために特許申請は通る。そうすると新技術に関しては新しい会社のものになってしまう。新技術が国内に残るのであれば懸念材料とはならないであろうが、ほとんどの場合が海外の企業であればどうだろう。

２０００年代初めの日本の技術はどんどん海外に流出したという現実がある。シンガポールなどは、国の機関の中に科学者を誘致するセクションがあり、研究所を用意して高額な報酬で人材を引き抜くのである。海外では定年という考え方はなく、よい頭脳は本人のやりたいだけ活用するのが当たり前なのである。そして、会社への貢献度の高い技術者に対しては、得た利益に関して、特別報酬として分配している。ところが日本の場合は得た利益はすべて会社のものになっている。

知的流出を防ぐためには年齢にとらわれない評価ができる特区を作り、日本の科学技術に貢献している人を囲い込む必要がある。特に基礎研究者に関しては企業が資金を出さないために国が保護しなければならないはずである。この特区における基礎研究が実ることで大きく国が発展する源となる。IPS細胞でノーベル賞に輝いた京都大学の山中教授も危うくシンガポールやアメリカに引き抜かれそうになっていた。しかし、さすがに国会議員たちが動いて研究所設立のために従来の事務手続きの中では予算が確保できない特別な研究予算を引き出すことによって食い止めたのであった。

もし、研究者に配慮された特区があれば知的流出といった問題は少なからず解決するはずである。たとえば科学者の住宅費や住民税を補助するだけでも多くの人が集まるはずだ。これによって国が研究立国となることができるのである。

国の取り組みとして知的流出を食い止めるということに対しての意識がとても低い現実がある。実際に日本の家電業界が崩壊していき、隣国韓国のサムスン一社にかなわなかったのは日本の技術がサムスンに流れたと言っても過言ではない。

我々が住む日本という国は、資源が非常に乏しい国である。したがって、明治維新の頃から、国の礎は教育であるということで、教育勅語や先人たちが教育に対してことさら努力を払ってきた。現代においてもゆとり教育が見直され、新たな、教育行政による天才たちを創出する方向性が受け入れられるようになった。

では、新しく出てくる天才たちをどのように保護して、さらに基礎研究から応用研究までつなげていき、国家のために取り組んでいけるかを考えていかなくてはならないが、その部分が非常に希薄であることが残念でならない。もちろん、国家としての取り組みというのは、研究者に対して、国全体で取り組めばすむことではあるが、国全体で法律を変え、一部の人たちに対してのみプラスになる動きをするというのは、時間がかかり、難しいことである。特に日本においては時間がかかりすぎる。待ったなしの現状の中、特区を設け、多くの特典を学者が享受することによって科学立国としての日本の本当の姿が出てくることを望む。

筑波研究学園都市や京阪奈学研都市のように多くの研究者を集約する施設はあるが、ただそれは施設と研究費ということにしぼられており、いまのように定年の撤廃とか開発によるマージン、基本的な部分に関しての取り組みはなされていない。加えて、住民税や所得税に対しての保護もなされていないために中途半端な状態になっているのが現実である。

故に研究特区という特別区を設け、税制の軽減や研究費の補助、その他の特典を集約することによって、日本の知識を特定のエリアに集め、海外への流出をくい止めることができるのである。

この特区の特徴は？

・研究者に対しての総合的な減税により優秀な人材を集められる。
・世界中の企業からの研究依頼やビジネスのマッチング機能が充実する。
・特区における収入案：研究所や企業の誘致による法人税の増加。新しい特許の取得によるロイヤルティ。
・海外流出している頭脳のくい止め。
・専門家があつまることでさらなる研究開発スピードのアップ。
・特許を積極的に取得し、多くのビジネスの集約地として目指すシリコンバレー構想。
・研究開発施設の誘致。
・海外の研究者の日本流入。

軍事特区がなぜ必要か

先ほどの学者特区ができ、研究施設が整うと、そこは軍事的にターゲットになりやすくなるといったデメリットもある。そこで、次に考えられるのが軍事特区の創出である。

現在、自衛隊が駐屯している場所では、その上空は飛行物体が飛べないといった決まりぐらいでシステム自体はまだまだ整っていないのが現状である。それをアメリカのペンタゴンのように特別扱いする特区が必要であると思う。

いまの日本は軍事情報が漏れすぎているのではないか、情報の保護に関してあまりにも弱い面があるのではないかと思わざるを得ない。特定秘密保護法案が２０１３年11月27日国会を通ったことは記憶に新しいと思うが、まだまだ日本においては、軍事的な情報もしくは戦略的な情報というものが国家の利益につながるように導入されていないのが現実である。

ここでいう軍事特区というのは、国の軍事力を強くするだけのものではなく、さらに情報の管理も含め包括的に国家の利益と成り得る情報を管轄し、さらに、情報の統括だけではなく、ＨＲ（ヒューマン・リソース）として国に貢献した人たちへの評価、それに見合う対価、そしてリスペクトも考えなくてはならない。いまは自衛隊にいるからといって特別扱いはされない。しかし海外の国々では、シルバーシートは何のためにあるのかというと、最初に座るのは傷ついた軍人で、次に妊婦、高齢者となる。一例だが、ハワイには軍事関係者用のリゾート施設が用意されているくらいである。同様に国家に貢献した人たちに対しての表彰だけではなく名も無き戦士たちに対してどのように評価していくかという仕組み作りもまだ日本には存在しない。

また、日本で愛国心が育たないのはなぜかというと、国のためにがんばった人たちに対しての功労がないからだともいえる。国を愛することを育てるために必要なのは国歌の斉唱ではない。真の愛国心を育てるためには、国のために貢献して傷ついた人に対して、国はこれだけのことをしてくれるというこ

とを示す必要がある。そのことで自分も国が守ってくれるのだなという意識が育ち、それがやがて愛国心へと変化するのである。だから軍事特区にはまず隊員のための大病院が必要であり、貢献度によって医療補助も考えられていなくてはならない。

そして、ここには軍事的な研究施設も集約すべきである。いま日本は軍事技術に関しては企業が担っているが、これでは国の軍備が成り立つわけがない。だからこそ軍事特区が必要なのである。

かつての日本が、欧米先進国と対等にやり合ってきたのは、決して軍事力が強かった訳ではなく、国を守ろうという気持ちが強かったからである。それは、国に尽くして亡くなった後は靖国神社に神となって祭られるという貢献に対してのリターンがあったからである。現在、自衛隊には、もちろん、死んだ後に二階級特進さらに弔慰金というのは与えられるが、実際に名誉を求めている国民性においては何の価値もない。傷ついたときの医療費の無料化、職務を全うした後の住民税の軽減、さらには相続税の軽減等すべてを含めて貢献した者に対して何ができるかをもう少し考えていかなければ国防は成り立たないであろう。軍事に関して現在は戦後の日米安保の締結により多くの部分を米軍に委ねている状態である。情報管理においても米軍施設の中にあるエンロンと言われるネット検索装置により、電話もしくは各種の情報の分析を日本国内にありながら米軍の基地内にある情報管理施設にすべてを委ねながら、その中の抽出した情報だけが防衛省に伝わるという形になっている。実際に米軍と防衛省は補完関係にあるので情報は的確に流れているとは想像はするが今後はどうなるかわからない。また、非常に重要な情報においては日本に伝わるまでにタイムロスがあるだけでなく、伝わらないといったこともあったのではないかと想像できる。つまりエンロンは米国の国益のために動く施設であり、日本の国益のために動く施設ではないということだ。

米艦隊における核兵器の横須賀持ち込み疑惑に関しても米軍が持ち込んでいないと言えば、それを信じるしかない。このような情報を自分たちでコントロールできない国というのは本当に正しい国の在りかたであろうかいささか疑問である。

事実、特区構想が情報管理に優れているのがなぜかというと、日本全体を情報管理することは非常に難しいが、一定のエリアを電波その他の防護エリアとして保護し、そのエリアにおいては電波法の適応範囲外とすることを考えるというのは可能である。そして、そのエリアにおいては国内法が適用されず、小火器もしくは重火器すら使用許可を軍の判断で持つことを許すべきである。いざ何かがあったときに火器の利用に関していちいち総理大臣の伺いを立てるようなことはテロ対策としてはありえない。現場に火器使用の決定権を持たさなければ、いざというときに事は終わってしまっているということにもなりかねない。

軍事技術というのは多くの産業が関わってこそ成り立つものであり、軍事技術の進化において、秘密保持というのは重要なポイントとなる。それができないことで新たな科学的技術の進化は見られないといえよう。元々ＮＡＳＡの航空技術があることにより、アメリカは様々な波状効果で数万社の新しい企業が技術発展の恩恵を得たという。日本における京都セラミックもＮＡＳＡの宇宙船の外壁に採用されることで大きくなった会社である。軍事に関しての研究は、国家の科学技術の振興にすら役立つと言っていいだろう。それはもちろん米国との共同研究ではなく日本独自の研究でなくては情報を守ることができない。

大東亜戦争末期において日本は独自の科学技術立国として、零戦や戦艦大和などの多くの世界が目を見張るような優れた技術を所有していた。中でも航空技術においては、日本の零戦は世界でもトップクラスであり、スピードだけでなく、コストの安さ、旋回における能力の高さすべてにおいて最先端のものであった。戦後、連合軍によって、日本は航空技術すべてを捨てさせられた。日本の航空技術は発達しすぎており、連合軍においては脅威であったからである。一部のエンジンにおける技術やその他航空技術は、当時三菱重工に勤めていた技術者たちが戦後数年経ってから集まり、日本に再度三菱重工として航空技術を復興しようとした。ただし、一度失われた図面や技術におけるすべての特許は１００年経とうが回復するとは思えない。つまり、現代の日本において、何を発明しようが、何を生み出そうが、日本にエンロンがある限り米国に筒抜けになっていることであろう。この戦後体制の仕組みの脆弱さが現代の日本の弱さであり、防衛における日米安保の必要性を多くの政治家が語るゆえんでもある。当然、米国の傘がなければ日本なんて弱いものである。はたして、このような状態でよいのであろうかいささか疑問である。

国家というのは、外交と軍事、これに関しては、国が最も重きをおいてやるべきことなので、ここにおいてはいわゆる民間法の及ばない特別行政区を作るべきであろう。そして、欧米諸国に見劣りのしない新しい零戦のような革新的な技術を国として導くべきである。

この特区の特徴は？

・軍事、情報に関して戦略的に構築できる。万が一のときに備えるもの。
・防衛の拠点作りが自立できていない日本は結果、国防に欠点が多い。
・国防産業は国の基幹産業であり軍事産業から新たな科学振興が生まれる可能性が高い。
・国防や機密保持がしっかりしていないことでの逸失利益を防ぐ事ができる。
・利益幅が大きい軍需産業からは軍需産業課税をすることで利益を国民に還元し、企業も胸を張って軍需産業に参加できる素地を作る。
・研究所には各国の軍需産業を調査した資料を置き、それを有料で民間にエリア内で活用や閲覧できるようにし、収入源とする。

イベント特区でレベルの高い競い合い

日本に大きなイベントを誘致する場合に困るのは何かというと、まず税金の問題が浮かぶ。たとえばアメリカ人であれば、どこの国でお金を稼いでもアメリカに納税しなくてはならない。ところがこのアメリカ人が日本で稼いだ場合、日本は別に税金を徴収しようとする。したがって、日本に来て稼ぐことで日本にも税金を納めなくてはならないし、自国にも納税しなくてはならないこととなってしまう（国によっては徴収しない国もある）。これらの問題を職種によっては特区に来ることで解決できれば海外からの優秀な訪問者は増加するに違いないだろう。

税金の問題だけでなく、たとえばスポーツのイベントを行うときに日本ではアマチュアスポーツという概念があるために、陸上選手権を行って賞金1000万円というのは不可能である（これがテニスなどのプロの選手権なら可能である）。かといってオリンピックでメダルを取ったとしても国は何かを優遇してくれるわけではない。このような環境ではイベントやスポーツは育ちにくい。そこでこの特区では、これらの問題を解決し、特殊技能者に対して優遇した措置を取ったらどうだろう。そこに優秀な人材が集まり、この特区では多くの魅力あるイベントが集約されることであろう。

特区を居住地として在住することによって便宜を図られるとなると、特区には多くの優秀なスポーツ選手やミュージシャン、アーティストたちが集まることとなる。実は複合的にそうすることによって、また新しい別のイベントが生まれる可能性が大きく広がる。これは、自然発生的にアメリカで起きているラスベガスでのショービジネスの活性化と同じ理由でシステム的にジャパニーズラスベガスを作成したらどうかという提案にもなる。感性の高い人々というのは同じように感性の高い人々を引きつけ合う傾向にある。たとえば、日本において、原宿にアパレルメーカーがしのぎを削っているのも同じ感性によって自分たちが磨き合うという大きな効果を狙ってのことになる。そして、そこに感性の高い顧客が集まる。ニューヨークのソーホー地区も然りである。

それでは次に、このイベント特区において国際会議を開催する場合を考えてみよう。これらは主に参加費などを集めて運営するものだが、現状ではその収益に対して事務局には所得税がかかる。当然、事務局は節税のために予算をすべて使い切るのである。そのために一部は寄付金とする場合が多いが、使い切るために会議が豪華になり、余計なものを作ることになる。この状況は決して国際会議やイベントの育成にとってプラスであるとは思えない。たとえばコンベンション特区を作り、利益が生まれた部分に関しては次回のイベントに繰り越しできるという形で所得税免除の優遇をしたらどうだろう。当然、この所得税免除においては、委員会による審査基準を設けて脱税行為等を未然に防ぐ必要がある。これら事務局の所得税控除に加えて、所得としての財源確保として目的税を創設する。それは、コンベンション参加者税（仮称）や宿泊税など特定の目的に対して課税するのである。そうすることによって、各種の収入を増加させ、結果として町が潤うことになる。事実ラスベガスにおいては宿泊に課税するといった目的税が課せられ、それがラスベガスのコンベンションビューローの収入になり、さらに新たなコンベンションの誘致を活性化させている。そして、同時に町が活性化して住民の生活も向上することになる。

この特区の特徴は？

・世界基準のイベントの招致。
・参加者税や宿泊税の設定。
・目的税が得られやすい。
・イベントは経済波及効果が高いので街が自然に潤う。
・イベントの結果を踏まえて多くの学会、協会を誘致。
・日本だけでなくアジアの中心地へと構想し外貨を獲得。

風俗営業法などの特区で町を活性化する

江戸時代に元禄文化が栄えその後に水野忠邦等が、倹約令を施行したことで元禄文化が急速に衰退したことがあったことを歴史の勉強で学んだと思う。同じように、少年少女の教育に悪いということで夜の文化に対する取り締まりが、昨今厳しくなってきている。東京都内においても、六本木の某クラブが反グレ集団に襲われて殺人事件とつながったことを契機にクラブ営業がどんどん規制され、なおかつ深夜営業すらもまかりならないという風潮が各地で起こっている。このことは、清い国を作る正しい行為としてはいいことであると認識するが、それ自身が少年少女を守るという大義のためだけに使われて魅力的な街作りが失われているのが現状である。

かつての元禄文化のように文化というものは風俗その他、飲酒、喫煙、それらの人間本来の嗜好に基づいた、自らを発散させる場所としての歓楽エリアがないことには、音楽だけでなく多くの文化が育たないということはだれもが気づいている。しかしながら、大義名分がまかり通るこの国において、だれも口に出して言えないのが現実である。

さまざまな規制がある中で、騒音規制や深夜営業禁止などの多くのことによってさらに窮屈な国と

しての方向性があり、それゆえに国そのものの観光の魅力も下げているのが実状である。ただし風俗営業法そのものを変え、全国の風俗営業に対しての規制を緩和するというのは望ましいことではない。

そこで、この特区制度を最も活用できる風俗営業において考えてみたい。そして、それを採用することによって、合法的な流れで、そこの場所に行った者が深夜を楽しみ、文化を享受することができると考える。そこには当然、歓楽を求めていく目的税の設置も考えられ、その収入を使うことで警備と安全面の確保も可能となる。

渋谷や新宿などの商店主が自主的な安全基準で町をパトロールするのではなく、特区そのものの予算を使うことで、楽しく安全な歓楽街を構築する集中的な集中的な管理が可能となる。

そして、特区の後押しをするためには、特区内での利用による交際費の枠の拡大もしくは免除等、多くの補助的な制度も作ることにより、企業の接待用の施設が、ラスベガスやマカオ、ロンドンのシティなどのように雨後のタケノコの様に発生してくるのは想像に難くない。事実、それらの町は深夜営業に対する規制がないために活気のある町づくりになっており、中でもニューヨークにおいては、深夜営業を許可しながらジュリアーノ元市長による安全の確保という両方向の目的を達成した素晴らしい町づくりができている。日本にも特区といえる町が自然発生的に存在する。先述したが、京都では、舞子さんが16歳からお座敷に上がり、飲酒を目的とした大人たちの席で舞を舞い、お酌等を行っている。本来、風俗営業法の世界では、未成年者が飲酒の席に立ち会うというのは許されないことではあるが、千年の歴史ある町として、町ぐるみでこの現実を歓迎している。これこそいわゆる自然発生的な特区といえるのではないか。このように特殊な事情で認められている部分が町をより魅力的なものに変えている。

当然、この風俗営業法特区においては、人口集中地からのアクセスが便利なことであることが必須条件で、大都会においてこの制度を活用するのが望ましいであろう。同時に、現在国会で議論されているカジノ法案について特区を設定するかどうかといった問題もこの風俗営業法特区に重ね合わせて考えるとより面白い動きとなり、さらに新しい雇用も生み出すことができる。日本の安全というのは世界中で有名なことであるが、この国に風俗営業法特区ができることにより、その安全神話を信じ海外からも多くの観光客が流れてくることは必至であろう。

この特区の特徴は？

・目的税の導入による深夜運営税などの税収増加。
・騒音税などの課税。
・消費の増大と人口の増加。
・行く末はカジノ特区などへの発展。

エネルギー特区でエコな町を作る

スイスにはガソリンの車が入ることができないツェルマットというエコな町がある。したがってここで走っている車のすべてが電気自動車になり、充電スタンドが町中にあるといった特区となっている。

このような特区を作る場合は、生活圏として成り立つだけの、ある一定の広いエリアでなくては意味がない。ツェルマットのように充電スタンドを作るということは、1カ所だけ作るのではなく、町中に何十機もしくは何百機作ることによって、いわゆる生産コスト、インフラ全体に対するコスト減が可能になるので、小さなエリアでインフラ整備をすることは、あまり意味をなさない。したがって、ある程度のエリアにおいて、その目的に合わせてエネルギー特区を作るというのはとても効率的なことだ。ツェルマットのような電気自動車だけの町というのは、基本的には騒音公害がゼロになることに加え、ガソリン車、ディーゼル車がないために、とても空気が澄んでおり、山間の観光地としてとてもふさわしい環境となるが、導入としてのインフラ整備に多額の資金がかかることとなる。そこで、観光地特有の目的税の導入が望ましいといえよう。

さらにエコによるエネルギー特区を作ることによって、クリーンエネルギーを研究する機関も同時に誘致し、その特区においては日照エネルギーに合わせ効率的なサマータイム制を導入するなど多くの試みをすることがふさわしいといえよう。

日本にこの特区ができることを前提にするならば、たとえば水素エネルギーの先進国である我が国は、この研究を進めるという道もある。

さらに太陽エネルギーの分野でも京都大学の野田進教授によるSiCフォトニック結晶の研究（太陽光のエネルギー変換の高効率化）等の今後の成果も期待できる。もしこの効率化が進むのであれば太陽光発電

の劇的な効率化が日本においてのみ進化することとなり、その特区においては太陽光発電の先進地区として指定されることになるはずである。

しかしながらこれらの研究は、研究室単位の研究であるため現状においては完全な体制とはいえない。そこで特区においては特別研究事項においては、大きな特典（大容量電力の割引や土地の優遇など）を用意することで、それぞれの研究所に有利な条件と研究しやすい環境を設置することが望ましい。そして、それらの研究成果をまたエネルギー特区で実験的に活かしてもらうことを条件にすればいいだろう。

また、ここにおいては電力の買取も固定買取制として一般地域とは別の高い料金を設定することでエネルギー資源の買い取り制度促進を進めるべきである。そして、多くの目的税がそれらの財源として活用されることとなる。一般エリアにおいては、ガソリン車が走行している訳であるから、エネルギー特区の考え方として、ガソリン車を排除することも可能であるが、目的税としてエネルギー特区に入ってくるガソリン車に対しては特定の入場料等のような目的税を追加課税するといった手法も取ることができる。長距離トラックや長距離バスなど、ガソリン車、ディーゼル車としてしか移動できないものもあるのだから排除する方向ではなく混在させながら課税するという方向が現状の日本の特区の在り方としては望ましいと思われる。エネルギー特区の設立は他の特区の設立よりも構成要素が比較的簡単であること、町自身の取り組みの合意が取られやすいこと、かつ特区そのものの成立による一般市民への便宜が目に見えて活用できることにより、特区成立のハードルが低いものと思われる。加えて産官学三位一体による効果がすぐに現れることで施工者は対外的にレポートを作りやすい環境にあり、同様の試みをする国内外の学者やコンベンションの誘致も誘導しやすいものとなるので付加価値は多く生まれる可能性がある。

いずれにしてもこの特区では、多くの課税方法のアイデアが生まれ、目的税の設定をすることが比較的簡単にできるようになり、その部分を財源として、たくさんの試みが可能となるであろう。

この特区の特徴は？

・新エネルギーの都市実験が可能。
・電力などエネルギー資源の売買。
・新エネルギー利用税（利用者）プラス新エネルギー利用による課税。
・魅力的な都市づくりによる人口の流入。
・研究機関の誘致。
・エネルギービジネスが集約(法人税)。

医療特区で世界最先端の治療を

医療特区では、日本の医師免許は持っていないが海外の医師免許を持っている医者の治療が受けられる病院の敷設が考えられる。また、同時に海外の優秀な医者だけでなく、海外の優秀な看護士などを受け入れることも特区として検討する。

みなさんの記憶にも新しいが、２０１１年の東日本大震災のとき、海外から多くの心ある医者のボランティアが現場に駆けつけた。しかし、実際には日本の医師免許がないことを理由に医療行為を制限された。たったそれだけの理由で命を落とした人や病気を悪化させた人が少なくなかった。

日本全体の医療制度を改革するのには相当な時間がかかると思われるが、医療特区という特定のエリアを作り、一定レベル以上の海外で治療経験のある医師、看護士、介護福祉士、その他を受け入れるような最先端医療エリアを作るべきである。

その他にもこの特区においては、日本医師会の許可もしくは厚生労働省の指導等により認められない場合が多い手術の多く（たとえば心臓移植手術など）を自由に行える機能を有するべきである。

現在シドニー等に患者が高い運賃、高い宿泊費を払いながら受けに行っているような治療を日本で

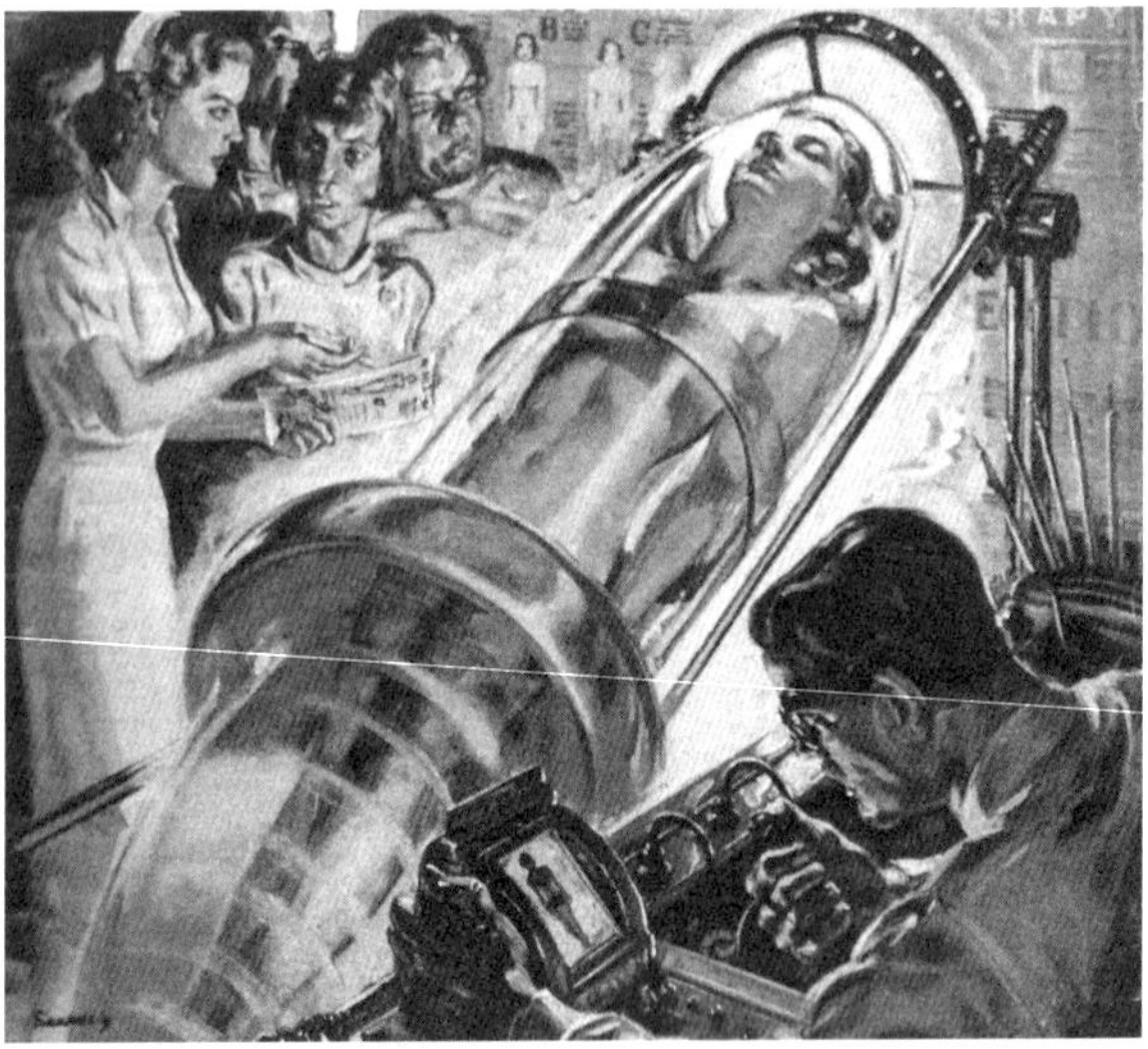

も受けられる体制を持つようにしたい。
多くの治療が、海外にわざわざ移動することなく受けられるような町があれば、世界中の最先端の医療技術や施設がその特区に集約されることとなるだけでなく、その特区においては、世界中の製薬会社、医療機器メーカー、加えて研究者がこぞって参加することとなるであろう。さらに、より技術を集約するために、そこでの公用語は日本語だけでなく、英語も公用語とすべきである。それだけでなく、日本においては認められていない基準の認定薬も治療として受けられるような特例を持つことで重度の患者さんにとって多くの選択肢を与えることとなる。
もちろん、医療の最先端技術を受ける課題として問題なのがその費用である。最先端の治療を受けられる素地ができることにより、患者の数が増えることで医療コストが下がっていくという可能性も大きなメリットのひとつである。なるべく多くの患者をハードルを低くして受け入れるためには特区による技術の集約と人材の集約が必須となるであろう。

さらに、臓器の移植に関しても倫理委員会による移植の許可が下りない他の日本のエリアとは違う別のルールを設けることで、より移植が受けやすくなるような仕組みも作るべきである。

現状では、せっかくあるドナーバンクも意味をなしていないのも事実だ。さらに、日本国内の患者だけでなく、海外の多くの人たちがこの日本における医療特区で治療が受けられるように医療滞在ビザのハードルも低くする必要がある。そうすることで、世界中から人、物、金が流れてくることとなり、この特区だけでなく日本全体が活況を呈することであろう。

この医療特区においては、移植におけるドナーの基準を特別枠として、本人了承のもとでゆるくすることも考えるべきである。そして、ひとつの例として、特定のドナー契約にサインす

る住民には住民税や所得税を軽減するような特約を結ぶようにして、本人対特区の契約を設立する。これによって、特区の中の死傷者は特区外よりもドナーになりやすい流れを作るべきであろう。

ただし、軽減した税の代わりに移植における目的税を課税することで税収を確保する必要はある。つまり、移植を受けたい人は、移植におけるドナーの確保が比較的簡単な医療特区においてはドナーに対しての支払いに加えて治療行為に対する目的税も支払うように設定しそれを財源とすることが望ましい。このような、みんなが納得する制度による特区を作ることによって、角膜移植、心臓移植、腎臓移植等の多くの道が開かれることとなろう。

この特区の特徴は？

・世界基準の認定薬の使用。医療技術の躍進。
・世界中からの治療者による外貨獲得。
・最先端治療を受けに全国から患者が集まる。
・先端治療税（目的税）。
・先端医薬税（目的税）。
・ドナー税（目的税）。
・医療機関誘致。
・海外から医療関係者集約による住民増加。
・製薬会社各社の集結。
・ビザ緩和による海外からの移民の増大。

新しい試みとしてのＰＦＩ特区

ＰＦＩ（Private Finance Initiative）とは、１９９９年7月にできた規制緩和で、公共サービスの提供において公共施設が必要な場合に、公共が施設を整備するのではなく民間資金を利用して民間企業に施設整備と公共サービスの提供を委託することをいう。

この方法は全国で行うには難しい問題があるので特区にして行うのがよいだろう。そして、いまこの方式で有名なのは刑務所を民間に委託して運営するといったものである。日本でも島根県浜田市にＰＦＩ刑務所はできているが、運営方法が不完全で、刑務官は公務員である。これがイギリスでは刑務官も民間に委託している。

この特区では、ＰＦＩにするための規制のハードルを下げることで、公務員が地方税で本来行わなくてはならない業務が民間にゆだねられるために税収を別のことに使えることになる。たとえば、ゴミの収集を民間に委託することで再生ゴミの収集がスムーズに進むことも考えられるだろう。ただし、公務員でなくてはできないことも多いため実験的に行ってみないと実らないことが多いと思われる。そのための実験的要素の強い特区だと考えればいい。

本来、公共機関がすべき公共サービスにおいては、利益度外視の部分の要素が非常に強い。それを利益企業に委ねることによる本来受けるべきサービスが淘汰されていくという懸念もある。その最たるものが郵政民営化である。このように、公共がすべきことによる企業のＰＦＩ化というものは異論反論様々なものが入り乱れるのは当然のことである。そのため、日本全国が同一の指向という考え方ではなく、特区による限定的な実験がとても有効であると思う。

公共事業や公務員が行っている業務を委託する試みは、特区の体制を取らないと一行政区だけの判断で行うものは中途半端にならざるを得ない。なぜかというと、そこには行政だけの判断で住民の参加がないためである。住民の参加がないことにより、ＰＦＩそのものが、民間委託するといっても

民間人が手を挙げるわけでもなく、結局は公務員が半官半民で行うといったことが多い。それでは、実際にＰＦＩというものに対しての完全な作用は働かない。ひとつの例として、警察業務を警備会社に委託する、もしくは、ゴミ収集を特定の会社に依頼する。そして、その会社は、従来公共サービスであるがために利益を出すことが許されていない部分に関しても利益をあげるあげることを可とする方向性を作ってあげるべきである。例として、集めたゴミを分別して国内外に売却したり二次利用することも認めるべきで、そうすることにより清掃業務に関してのＰＦＩ参加の企業が増大するものと思われる。場合によっては清掃業務一式を特定のＡ社が一円で入札することもあり得る。極論をいえば清掃業務そのものを１０００万円で販売することも可能となる日が来るであろう。警察業務においてもＰＦＩを使うことにより、業務そのものを給与の評価その他において、多くの企業で行なっている制度が必要である。たとえば国家においては犯罪検挙において表彰状が配られるだけであるが、この特区においては痴漢やストーカーなどの検挙に金一封以上の特別賞与やＰＦＩ警察内の人事移動では昇格に対しての評価の参考にするなど、どのような犯罪に対してどのような対価が得られるかの方向性を持たせてもいい。そして、そのような捜査が進むことにより犯罪検挙技術が生まれた際には、その技術そのものを各地の警備会社、海外の警察機構等に販売するといった利益の追求もあっていいいと思う。

そうすると公務員を使って経費をかけるよりも業務そのものを販売することによって、事業者から入金されるだけでなく、法人税も徴収でき、さらに特定の目的税を設定することも可能である。そうすることで、従来経費がかかっていたものを別のことに使えるようになる。つまりＰＦＩ特区はコストがかからず、住民税すらも安くすることが可能な試みといえる。しかし、この試みは、場所限定、期間限定にしないと破綻する可能性もある。そのため、住民参加のもとに参加を決めるものである。ＰＦＩの内容に関してもできる限り冒険的なチャレンジをしないと意味がないといえる。当たり前のことをやるならば特区としての意味はなくなるであろう。

この特区の特徴は？

・公務員費用が劇的に軽減されるために地区全体のコスト減が可能。
・住民税の軽減。
・新たな試みによる雇用の増進。
・企業誘致による新たな産業の可能性の発生。
・試験的な導入による世界中からの注目による知名度の向上。

アレルギーフリー特区でバリアフリータウンを目指す

いまの日本ではアレルギーの人が安心して住める町がなく、自己防衛をするしかないのが現状である。事実、多くの現代人が抱えている問題のひとつとしてアレルギーを挙げる。そして、そのアレルギーを治療するにあたり、アレルギーフリーの環境を作る必要がある。

たとえば、みなさんの中で一番多いのが、花粉症や食物アレルギーなどであろう。それらのアレルギーの対策として町全体で取り組むアレルギーフリーの町作りが望まれる存在となるはずである。事実、杉花粉やそばなどのアレルギーについては、一件だけで、処理できる問題ではなく、町全体で取り組まなければアレルギーフリーの環境等を創設できない。そして、そのエリアの単位が広いほどより患者に対して環境のよい生活空間が広がる町作りができることとなる。

人によってアレルギーは、死活問題に陥ることも少なくない。よって、アレルギーフリーの町作りができれば、そこに居住者が流れ込むことは容易に考えられる。さらに、その居住者に対してのケアだけではなく、それらの人々の流入によって、町が活性化し、さらにアレルギーに対応した製品群、たとえばそば粉を使わないそば製品等も開発されるだろう。また、空気の清浄化を目指すエコタウンの促進等も生まれることとなる。たとえばアトピーの人が治療するために、温泉地や過疎地などに長期滞在するケースが見られる。これは、日本だけのことではなく海外の人たちも含めて、アトピー患者の悩みとなっている。町ぐるみでそれらを受け入れる体制を作ることによって、良質の患者を受け入れることができる。良質の患者というのは聞こえは悪いが、アレルギーを除けば一般生活を行うことができ、感染症患者のように隔離する必要がないため、日常生活の中に溶け込める労働力を持った患者群と考えられる。つまり、アトピーもしくはアレルギーの患者群を受け入れるということは、良質の労働力をその町に流入させることが可能となるわけである。

場合によっては、世界有数の頭脳や能力を持っているがアレルギーに苦しんでいる人材等も集まる可能性がある。このような取り組みを特区として考えれば、その町の存在意義が高まるだけでなく、税収も増加し、ましてや過疎地などが活性化することであろう。

そこで先述のエコタウンと組み合わせて、排気ガスのない、工場誘致もない特区にし、水道にも気を遣い、アレルギー対策も充分にとった町づくりを行うことで、世界中から人が集まるはずである。たとえ住民税が他の町よりも高くなったとしても、この町の姿勢は受け入れられやすいであろう。さらに、目的税として、長期宿泊用の宿泊税などを設けることも可能であろう。

特定の治療が比較的簡単に町中の取り組みでできるような町は世界中どこにも存在していない。ここが実はこの特区の一番の大きな特徴である。また、全人口の中に占めるアレルギーの確率は非常に高いのに、そこを目指す町がないために個々の人物の裁量により個人の費用で治療にいそしんでいる人たちにとって大きな朗報となるであろう。

このように、ここではアレルギーを取り上げて説明したが、様々な症状の病気と患者群が世の中には存在する。たとえば、糖尿病患者にはインシュリンの注射と糖分をひかえることが必須となってくる。このように、それぞれの症例に合わせた町づくりを特区とすることで広がる可能性がある。

この特区の特徴は？

- 人口増加による税収。
- アレルギー患者は街ぐるみで対応しないとアレルギー治療ができない。逆に街があるとアレルギー患者の人口流入は間違いなくおきる。
- アレルギー食品などの集荷や販売による消費の増大。
- 健常な人にも優しい街としての魅力の増大。

対外研究特区で世界を知る

　対外研究特区とは、特定のエリアだけ公用語を増やすことで他の言語の文化などの理解度を深めるといったものである。英語、ポルトガル語、フランス語、中国語などを公用語に追加して、小中学校において教育するだけでなく、各国の制度に合わせたことに関しても運用を認めるものである。たとえばイスラム特区というのを作ると、お祈りの時間はコーランを大きな音で流すことを認めるというのもいいだろう。モスクなどの建物に関しても建築許可を出しやすくするのもいい。要は日本の中に国連があるようなものである。この特区では海外に行かずに日本国内で留学するのと同じような効果が得られ各国の制度を体験できるのに加えそれぞれの国の文化に触れることでビジネスチャンスへと進化させることも可能となる。

　これまではテーマパークとして、長崎のハウステンボスや志摩スペイン村といったものはあったが、テーマパーク単位ではなくもう少し大きな町以上の単位で各国の研究をする特区が必要と思われる。イスラム研究特区、ユダヤ研究特区、ロシア研究特区など文化ごとに特区を設けてランゲージスクールも作るというのが理想である。

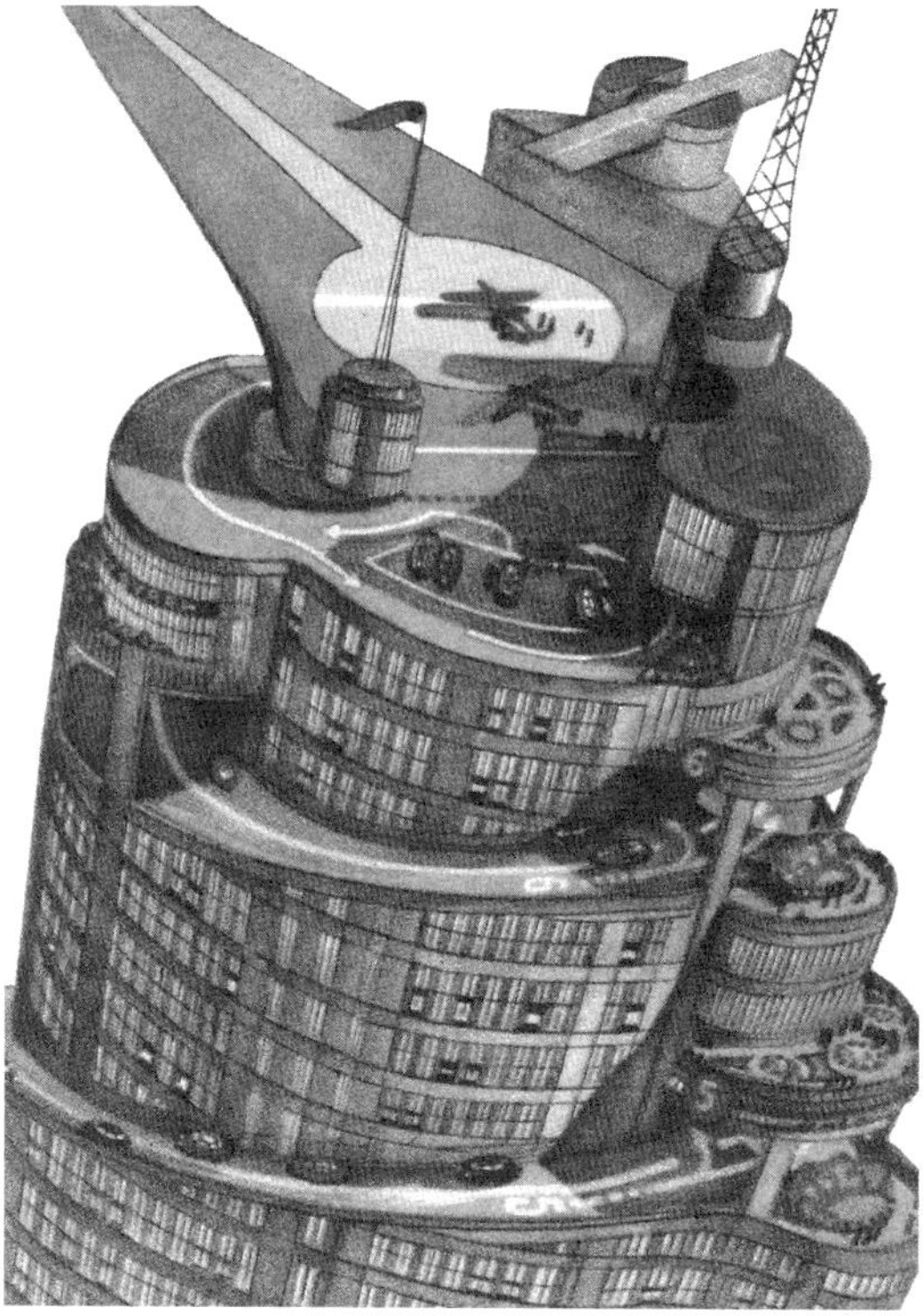

日本でサッカーのワールドカップが行われたときに、大分県日田市中津江村がカメルーン代表チームのキャンプ地として脚光をあび、アフリカの文化にふれたことは日本中の人が知っている。こういったことの延長線が特区に成りうる。

国際交流というのは、各国に留学もしくは航空券を使い人生を懸けながらリスクを持って臨むというのが一般的な海外と日本をつなげる唯一の手段であるが、費用がかかり、渡航手続きという手間がかかり、さらには日本を離れるという大きな負担が課せられることとなる。我々日本における最大の弱点は単一民族国家であることによるグローバル化への取り組みが日本国内では享受できないという日本独特の弱点を知るべきである。本来、ニューヨーク、ロンドン、パリのように移民の盛んな多民族国家においてはこのような特区の提案は必要ない。つまり、それぞれの国の中にイタリア人地区、韓国人地区、ナイジェリア人地区、○○人地区といった行政主体でない特区が自然発生的に存在しており、それぞれが新しい文化発信の成長エンジンとなっている。多民族国家においてはそれぞれの町が文化発信の中心でもあり、海外に行くことなく多くの異文化に触れることができる。これを日本においては、あえて積極的にエリア単位で海外研究特区とし、それぞれのエリアの言語、文化そのものを日本に導入することにより多民族国家が得られるような多くの成長エンジンを国内で創出していく必要がある。

おそらくこれらの町の中から日本全国に対してのヒット商品とかも生まれることとなり、もしくは海外で多くの事件や事故が起きた場合には、それぞれの特区に行くことで最新の情報を得ることもできる、という情報面においても多くのメリットを生むこととなるであろう。イスラムで起きたトラブルや商機についてはイスラム特区に行けばさらに精度の高い情報を得ることができるし、ロシアで起きたことに関してはロシアの放送局に電話することもなく、ロシア特区に行って学生、社会人、学者など様々な人たちから多くの情報を得ることにより、全体の構造の把握もしやすくなるだろう。

さらに、それぞれの地区からは優秀な通訳者が生まれることも想像に難くない。それだけではなく、各国の文化に際した新しい商品もしくは食文化なども流れてくることとなるであろう。大きくいえば、江戸時代に突然港町にできた横浜のようなものであろう。それの進化系だと思えばいい。どの文化をその町に根付かせるかは中津江村のように住民参加で決めればよいし、それぞれの住民がよりよく各国の文化と馴染むことによってまたひとつ別の文化が生まれる可能性もある。何よりも、特区外からの人々の観光収入や人口の流入等も見込まれることとなる。

この特区の特徴は？

・町の国際化。将来の外交発展。
・観光収入の増大。
・海外からの長期滞在者を増やして財政収入の増大。
・語学施設を併設して語学研究のメッカとして特区による直接運営することで収入増大。
・映像、出版などの収入源の確保。
・映画などの撮影地。

直接選挙特区で住民の声を素早く反映

一言でいえば、この特区においては議会をなくし、すべての家庭から直接決定権を促すデバイスを置き、運用事務局に連絡が行くようにする。スイスが行っているのと同じようにすべてのことに関して直接選挙を行う体制を作ることにより何事においても意思決定が即断で行える体制を取る政治的に新しい試みである。このような取り組みにおいて日本全体で行うのは到底不可能な話であるが特定のエリアに限るのであれば、基本的に各家庭にパソコンなどの端末とひとり1個のパスワードと認識できるものを与えて、特定のネットワークシステムを構築し、有権者から情報を集約できる仕組みを作ればできることである。本来、議会政治ができた経緯は、住民がまだ未熟であるという前提のもと住民の中から選ばれし代理人が住民の声を反映し、より良き正しい方向へ全体を導いていくというシステムであり、現代も古来から受け継いだものである。だがこれほど情報ネットワークとシステムが発達したこの時代。代理人による解決ではなく有権者そのものが直接声を反映できる地区が出現してもおかしくないし、より未来的だといえる。日本においては文盲率はゼロである。つまりすべての人が政策参加できる基礎的な力を持った国である。文明が発達した現代において代理人による政治の参加というのは、本来正しいかどうかという問題にも関わってくる。たとえば選挙のとき、ある党に所属している代理人が選挙後に他の党に鞍替えしたりすることが平然と行なわれている。事実、有権者そのものの声を１００％吸い上げるような仕組みではないのが代理人制度である。よって、住民参加による直接選挙特区を作ることにより、多くのメリットが得られる。ひとつとして、まずそれぞれの住民が政策に対しての関心が深まる。従来代理人が行っていた政策参加を直接自分たちが運営することにより、物事に関して行政に関すること、そして条例に関することすべてにおいて、関心がはるかに深まることとなるだけでなく、政策施行においても協力的になるであろう。ふたつめに、これはかなり大きいことであるが、代理人が不要になれば議会が不要となる（もちろん運用事務局は必要であるが）。議会不要による議会運営費、議員歳費、議員会館の建築費、その他多くの費用が削減できる。このような住民参加の可能なエリアを作ることは多くの意味があるが、これを日本全体に広げるのはあまりにも早急すぎる。したがって、特定のエリアで取り組みこれを行うことを徹底することで、どのような進化があり、どういう居住空間が生まれるのかを見ることができる。もちろんスイスで行われている直接選挙と比較しても電子デバイスを使うことでもっと新しい取り組みになるので内外の注目を浴びることは間違いない。そして、その結果を多くのメディアが追いかけることとなるであろう。市長や裁判官の罷免など多くのことに関してもこのエリアに関しては、世界中からの注目を浴びる。

そして、本来、住民不参加で決められていた高速道路や公園などの敷設に関しても直接決定権が住民にあることによって数年かかったことが即座で決定するという付属物もついてくる。このエリアの行く末を2年3年先にどのように町が変わっていくかを実験しながら精度そのものの可否をさらに進化させていくと今後の政治の在り方に大きく影響を与えるものと思われる。

この特区の特徴は？

・住民の声を即座に聞ける。
・決定速度が速いため長期に渡る運営コストなどの無駄が是正される。
・議会費用などの負担が減る。
・運営事務局は必要だが議員の宿、給与、会館すべてが割愛され生まれた利益の２次活用。

スマートシティ特区で洗練された町作り

スマートシティが目指すのは通勤しなくていい職住一体型の町作りである。各自の自宅にはサテライトオフィスを作り、企業はバーチャル出勤をさせるといったものである。いまの日本の多くの町は、昼と夜の人口比率が1対1になってはいない。ドーナツ化現象として昼の間は都心部に人口が集中し、夜間は郊外の自宅に寝るために戻ってくるという現象が普通である。したがって、主な消費はオフィス街で行われることとなる。そこで、この特区では自宅においてバーチャル出勤をさせることで特区自体の経済を活性化させるものである。この町全体をホットスポットにし、どこにいてもネットが自由につながる環境を作ることで仕事にも問題なく対応できるようにする。

町のどこにいても業務ができることで多くの無駄を省くことが可能になる。現在よく言われる仕事のノマド化を町全体で実現させるような環境を作るのである。町全体の取り組みとして、各カフェやレストラン、銀行その他のエリアにおいては、ネット環境のサポートだけでなく、プリントアウト、宅配便の発送などそれぞれが便利なスペースを作り、意識することによって町全体がオフィス化するという特徴が生まれる。そうすることでのメリットはたくさんあるはずだ。

クリエイティブ系の業務、入力、創作、アートなどに対しては、主に居住区を共にする多くのクロスカルチャーの人たちが近所に存在している訳であるから、だれがどこでどのような仕事をしているかということさえわかれば通勤せずとも、その人たちとの打ち合わせが居住空間のエリアの中で行いやすくなる。すなわち、通勤交通費だけでなく、時間の無駄も割愛することができる。それだけでなく、町全体の取り組みであるため、クリエイティブ系の人が住みやすくなることで、住民の質が高まり、住民税、所得税の増収といった相乗効果が得られる。そして、この町は風光明媚な町に作ることが望まれる。そのような町にいながら都心部に近い作業効果をもたらすことによって、個々人が環境のよいところに居住区を持つのと同時に効率のいい業務形態というのが達成できることにより居住者が増大する可能性がある。

研究職系というよりは、事務系の作業用の人が集まることも考えられる。そして、通勤交通に関しての無駄が省かれることで、

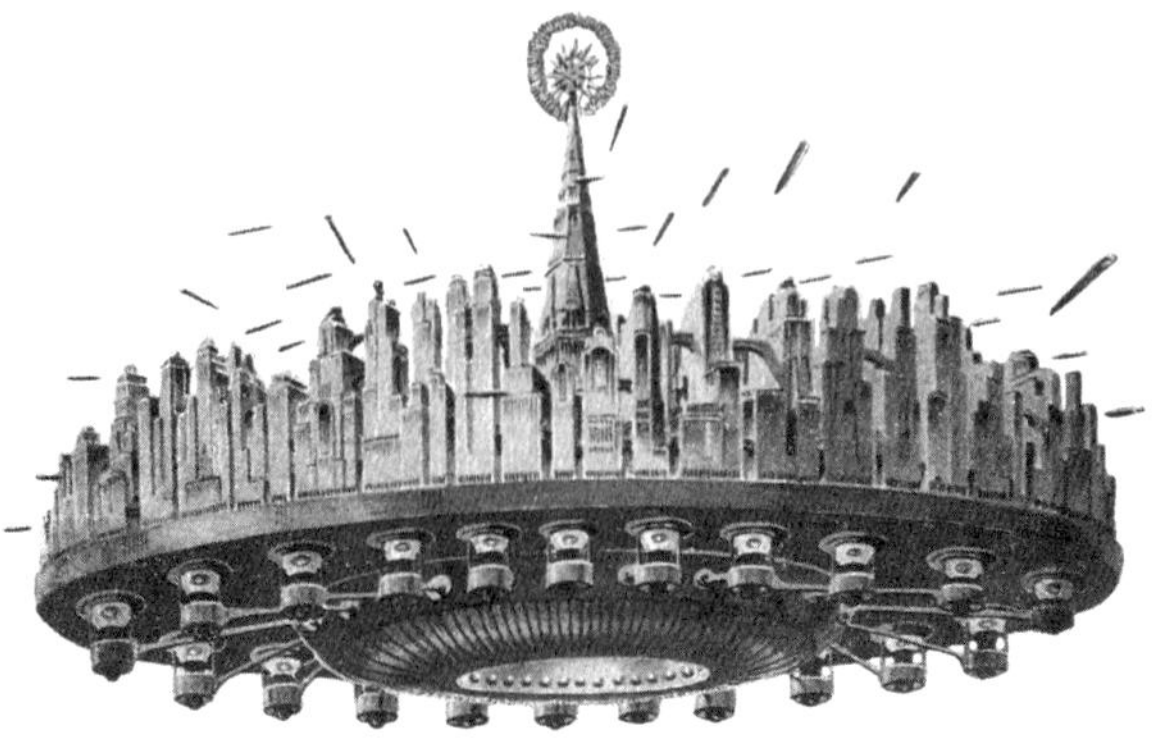

駅のターミナル付近の混雑感や非効率な自転車置き場等の通勤都市にありがちな多くのデメリットも排除できるであろう。

スマートシティにおいてはレンタサイクルのような共同で使える移動設備においての進化系に挑戦することができる。たとえば、乗り捨ての自動車やトラック、共同のボート、スタジオなど多くの共用スペースを全体で設けることも可能である。さらには、幹線道路の電柱などを地下に納め、かつてドイツがアウトバーンの形成のときに考えたような大型道路そのものを滑走路化する構想を将来考えてもよい。町全体を管理する停電用の発電機や大型サーバー等の存在もさらに魅力的な町づくりに付与すると思われる。

この特区の特徴は？

・特区内経済の活性化。
・人口増加による税収の増大。
・環境に優しく IT の利便さなどで人口が流入してくる。
・スマートシティの中で実験が繰り広げられ、関係者が関係者を呼び、人口増大をまねく。

教育特区で天才を育てる

現在までの日本の公教育は、どこにいても同じようなレベルを目指すものであった。現在、見直しが行われ、天才を育てるための方向性が取りざたされている。それを教育委員会レベルでさまざまな取り組みが行われたり、センター試験の見直しや多くの個別の策が取られて行く中で、国としては天才が育ちやすい環境を有した特区を作ることが最も重要な政策課題のひとつではないだろうか。

2011年より文部科学省では、小学校のクラス人数を35人にするといった目標値がある。クラスの人数が少なければ少ないほど天才が育ちやすくなることは明白であるが、これが実際にはいまのクラスの平均人数は小学校で28・1人、中学校で33・5人。ところが先進国との取り組みの比較をしてみたいと思うが、OECDと言われている経済協力開発機構では、小学校で21・6人、中学校が23・9人である。やはり、日本においてはまだまだ天才教育が実施されていないのが現状といえる。

国が弱くなるのは、天才が少ないことと、リーダーを育てることを行っていない部分にあるといえる。

本来、日本は教育に熱心な国のはずである。教育においても実験は欠かせないということに気がついてほしい。そこで、教育特区を設けてクラスの人数をさらに減らして英才教育を行えばそこには人が集まると考えられる。このクラス人数を限定することは、日本全国で行おうとすればかなりの時間がかかるが、特区であればすぐにでも行えるはずだ。

さらに、ここには教師のレベルアップも提案したい。また、なかなか難しい愛国心の教育や国際社会の常識に関しても、特区であれば、そこの住民がどのような教育をすればいいかを決めることができるため、しっかりとした方針を打ち立てることができる。

それだけでなく、この特区では、頭が良いが、金銭的に貧しい子どもであっても特例としてアルバイトを認め、積極的に支援する町づくりがいい

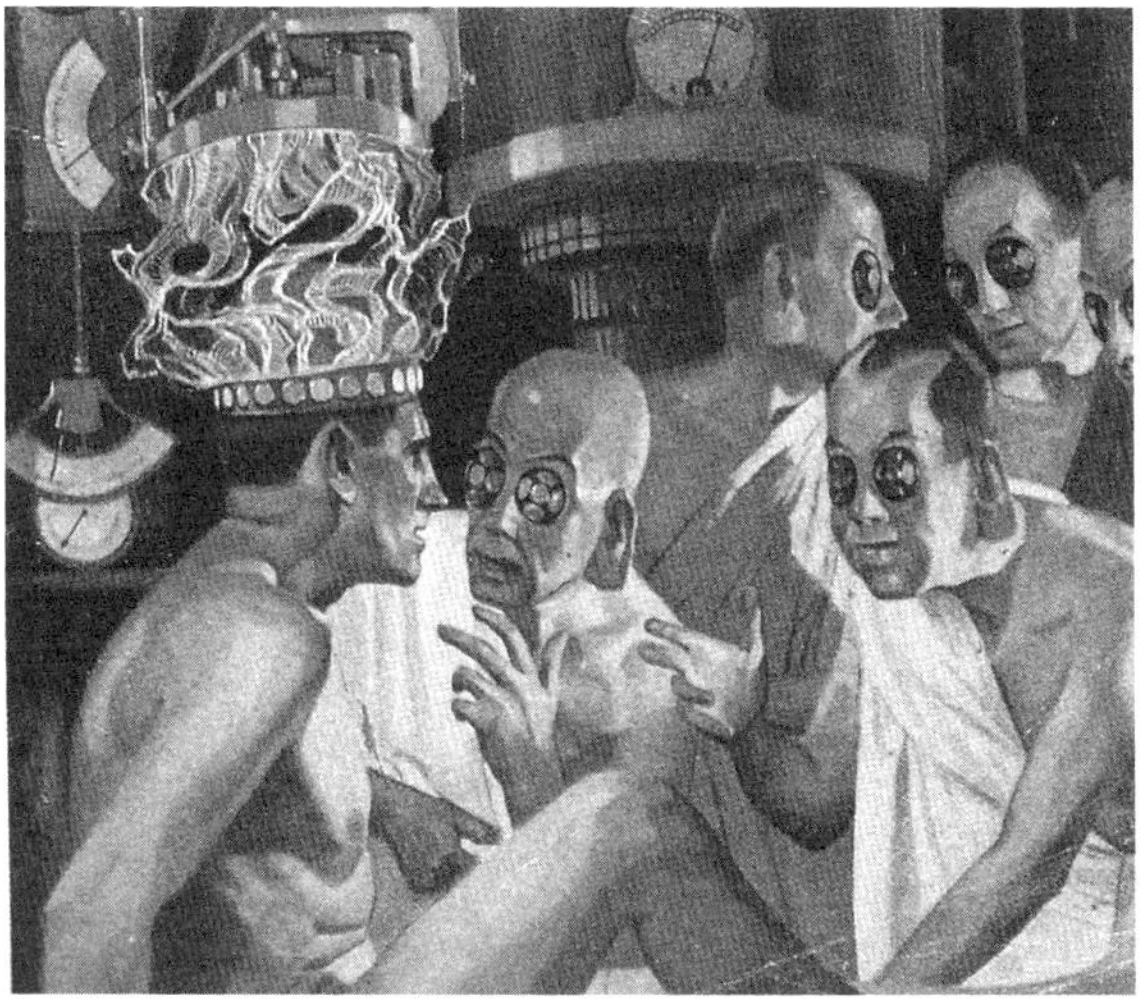

だろう。

アメリカの取り組みでは、特定の子どもたちには自分たちの力で奨学金を獲得できるような仕組みがきちんと残されている。たとえば、ゴルフ場でキャディーを行いながら2年以上勤めると奨学金を出すといったゴルフ場も存在する。このように多くの奨学金の可能性が国中にちりばめられているために、お金のない子どもが最高の教育を受ける可能性を秘めているのがアメリカ教育の強さである。日本では新聞配達における奨学制度はあるが、それ以上は聞いたことがない。もっと多くの企業で奨学制度を行うべきであろう。これを特区で行うと優秀な子どもたちがここに住むという現象も起こるはずである。さらに、お金がなくても頭がいい子どもたちをどうサポートするかで社会的な意義も高くなると思われる。かつて日本ではお金がなくても学べる環境があったはずである。松下村塾や敵塾など民間で行われたものを手本にすべきではないだろうか。

実際2002年12月に教育改革があり、学習指導要領によらない教育課程や小学校からの英語の授業、小中一貫教育などが進められてきている。しかし、残念なことにまだ具体的な成果は出ていないといえる。

教育特区ではドイツのように教師が選んだ教科書で勉強することを認めるのもいい。それだけでも個性が伸びるはずである。いま、中高一貫教育で入学試験の代わりに適性検査というのがあるが、これでは競争社会になっておらず、天才が育ちにくいと思われる。これを特区では順位を追求し、競争力も磨くべきであろう。また、ここでは教員免許にもメスを入れるべきである。天才を育てるためには教師の質が関係する。今現在は教員免許は10年に一度30時間の講習で更新している。しかし、特区では教師にも厳しくし、さらに短期の講習が必要であろう。高いレベルを求める代わりに公務員でありながら他の地域よりも高い給料設定でもいいはずである。このことで質のよい教師を集めるのも特区ならではの利点である。

この特区の特徴は？

・高度な教育を施すと高いレベルの労働力と労働力予備軍が増加する。
・教育に熱心な家庭など質の高い人が集まってくる。
・学校教育の先進的な教育が進むことにより町全体の資質がアップする。
・高度な教育を受けた人材は高い収入を受ける確率が高くなり住民税収が増える。

金融ハブで日本を活性化する金融特区

日本は金融の世界でいま以上に国際センターにならなくてはならない。世界の金融の中心を見渡すとアジアではシンガポールや香港が日本を抜いて活気づいている。東証の新規上場企業もニューヨークやロンドンのシティーとは比べることさえできないほどその数の桁が違っている。GDPの比率で比べても日本は金融ハブとして機能を充分に果たせていないといえるだろう。

日本は政治などの分野で安定しているため本来は金融のハブとして中心に成りえるはずだが、法人税の高さや、日本の多くの企業が国際会計基準に基づいていないなどの理由から海外の企業にとって入りにくい部分があるといえる。最近の大企業は国際会計基準を自主的に取り入れてはいるが、その数は圧倒的に少ない。これが、シンガポールや香港では国際会計基準が当たり前である。そうなると海外の企業がそちら側に進出しやすいことは当然のことである。

日本は金融行政に関してはどうしても日銀など官僚主導にならざるを得ない部分で遅れを取っている。そうするとどうしても銀行貸し付け利率などでしか判断されないことになり、より不利な立場に置かれてしまっている。本来は保険も含めて様々な金融業に携わるハブ的な機能を維持しなくてはな

らないであろう。
そのような新しい機能だけでなく、万が一東京で災害が起きても問題がないように特区として守れる機能を作っておく必要が金融特区では必要である。
いま、円建て債としてサムライ債が騒がれているが、２０１２年の海外企業によるドル建て起債が５３４４億ドルであるのに対して、日本のサムライ債は４兆９００億円しかない。まだまだ円に対しての仕組みができていないといえる。
これらを特区で新しい金融商品を開発するための研究機関を作り、世界中のよいところを取り入れたシステムを導入すべきである。日本は世界第三位のＧＤＰを誇り国家の安定度の高い国であるから、諸条件を整え、きちんと整備さえすれば世界中のマネーが集中するはずである。世界中のマネーが集まると活気があふれ、雇用も創出していくはずである。また、金融特区にはランゲージセンターも必要であり、港がなくても国際空港が隣接して入れる場所であれば特区として最低限の条件が成立するはずである。

金融の世界において日本における金融商品の創作レベルが欧米に比べ、あまりにも低いということが金融センターそのものに対する重要性を国全体として認識していないからといえる。金融会計において、商品そのものによる利益の追求と同じくらい財務会計による利潤の追求は大切である。もの作りの国である日本においては、金融における利潤の追求を軽視しがちであるが、もう少し研究を進め、優秀な人材と企業を誘致し、東京発信の金融商品がどんどん出てくるような状況にならなければ世界一の都市にはなりえないであろう。

この特区の特徴は？

・雇用の創出。
・人口増加による税収増。
・世界中から資金が流入してくる。
・資金が流れてくることによる課税収入の増額。
・金融ハブになることで多くの関連ビジネスも流入してくる。

道交法特区で物流の拠点を作る

日本全国どこでも同じ道交法というのは面白くない。港町に行けばわかるが、コンテナが道の脇に並んでいる姿を見る。これを駐車違反で取り締まっているときりがない。道交法特区では違反を取り締まるのではなく、商業地などで駐車したものには課税するといった方法を取るのがいい。新たな財源となるだけではなく停める側も違法ではなく堂々としていられる。この町ではどこでも停められるというルールを作ることになる。それを行うことによって、収入が確保できるだけでなく、その影響で大工場ができる可能性も出てくる。これらの新しい財源によって、道路を広げてより利用しやすくすることもできる。いわゆる、道路に関しての先進地域のモデルケースとなるであろう。たとえば、先に港町の例を言ったが、港町に不法駐車させるのではなく、停めたエリアそのものに対して時間を管理し、駐車料金を取ることによって収入とすれば停める方も心苦しくなくさらに収入が増えるといったメリットがある。

また、発展的に考えて、映画撮影やイベントにおける道交法もゆるやかにするのもいい。スピード違反や爆破などのありえない設定などが実現する。海外では撮影等で道路を爆破したとしても現状復帰さえすればどのような撮影をしてもいい場所がたくさんある。そういうのを管理しているのがフィルムコミッションという政府の機関である。しかし、日本ではほとんど不可能であった。これらが実現するだけで、映画等の産業も活気づくはずである。その他イベントやデモ等これまでなかなか許されなかったものがどんどん実現するのもこの特区の特徴であり、文化が発展することにもつながる。

ここには、道路の発展を法律とともに行うだけでなく、もしかするとその道路は電気自動車などへの充電スタンドやワイヤレス送電機能の設置モデルになりうる。このように、日本が得意とする自動車産業のテストケースとなり道路そのものの新しい使い方を世界に打ち出すことができるであろう。

この特区の特徴は？

・工場誘致による税収増。
・一時的駐車に対して課税システムを作ることによる税収増。
・移動税をとるなどの税収増。
・スピード規制などの撤廃による商品輸送の効率化によるハブ機能の創設。
・物流が集まることによる税収増。

デザイン特区が雰囲気のいい町を作る

デザイン特区とは、直接投票により、その町の持つ雰囲気や町づくりの方向性を画一した方向に定め、その方向性を町づくりの魅力として提案できるように全体として取り組む特区のことをいう。日本にはすでにデザインにおいては先進的な例として、京都の建築基準や倉敷の美観地区など特定の地域がある。しかし、フィレンツェやギリシアなどのように、もっと大きなエリアではまだ存在しない。これを実現するためには、条例レベルでは管理できない国の法律に相反することでも可能とする特区の町づくりが必要であろう。

特区では、テーマを決めて、モダンやシック、レトロ、カラーなどを指定した特区独自の取り組みを行う。取り組みに対しての賛成意見や反対意見があるが、それを押し切るのではなく賛成する人には減税をし、反対の人には課税することによって、罰則規定はなく、賛成者が住みやすい町づくりにすればよい。当然、町の統一感を出すために委員会を作ってデザインの管理をするなどの努力も必要になる。

デザイン特区では、必要なストーリーを作り、管理し、修理も行う。これらが整ったら魅力的な町ができるはずである。当然、公共施設もそのデザインの中に入ってくる。

さらに、デザイン特区は、建物だけでなく町の雰囲気作りも行っていいと思う。たとえば、和服を着るというのをテーマにした場合、和服を積極的に着ている人は非課税にすることが考えられる。建築基準法適用除外地というのもエリアで定めるといいであろう。

このように、町が特定のデザインで動き出すと、住みたい人だけでなく訪れる人も増えるだろう。

この特区の特徴は？

・他エリアからの観光客流入。
・観光収入の増大。
・住民の増加。
・特区賛成者への減税と反対者への段階別課税法の導入。

治療特区が医療の最先端都市を作る

前述した医療特区構想の変形版である。医療特区では医師免許に関しての問題を取り上げたが、この特区に関しては別の医療問題を提起して取り上げたい。医療特区は医療の制度であるが、治療特区は治療に関した制度の特区である。医療特区と治療特区が合同で行われる、もしくは単独で行われる場合でもそれが隣接することでより多くのメリットがでる。

脳死に関しては臓器移植という難しい問題も絡んでくるために、国の制度だけに委ねているといつまでも進まない問題となる。ここは医療というよりも臓器の所有権に対する特別区という理解をしてもらいたい。この特区では医療制度もより進化すると考えられる。

すでにＬＭＤという事前指定書類があるが、この特区では一歩進んで詳細を生前にサインをして、臓器の買取までを定めておくのが特徴になる。本人の命に関わり意思確認できないときに、ＬＭＤによって治療方法や栄養補給の方法、心肺停止のときの蘇生の希望の有無などを決めておく。さらに進めて、事前にサインさせることによって多くの臓器提供社を確保しておく臓器バンク的な機能を持つこととなる。

これらの覚悟の度合いによって税金への優遇を認めるのもこの特区の特徴になる。もちろん医療技術も伸びるであろうし、患者さんも集まることから町として発展すると思われる。

イギリスの科学者のオーブリーディグレイ博士は、近い将来には人は千才を超えて生き続けることができるのではないかという老化の治療法を研究している。これらの研究は人間の可能性を広げていき、その中でｉｐｓ細胞の活用も役に立つはずである。いまのところ20年後

には必用な技術が出そろうのではないかと言われている。ディグレイ博士は元々インターネットの専門家であったため、人体も一種のコンピューターであり、故障原因を探り対策を練るのはあたり前ということからこれらの研究に入った。人の身体がコンピューターならば、動かすプログラムが遺伝子であり、このプログラムを書き換えるのが新しい治療法と考えている。担い手はバイオハッカーと呼ばれ、研究機関に属さない無名の若者たちである。このような命に関しての治療は法律に絡んでくるため、たとえ末期がんの患者ですらバイオ治療を受けるのに多くのハードルが設けられており簡単に治療は受けられない。しかし、特区ではこれらの治療を受けさせてあげられるような制度を設けてもいい訳である。そのまま生きていても数ヶ月しか生きられないのであれば、法律的、倫理的に問題のあるバイオ治療を受けて、たとえ命が奪われたとしてもこれは正しい特区の在り方だと考えられる。

日本はまだまだ制度的に弱い面がある。これは全体で同じことをしようとするところに弱点があるといえる。この弱さはどういったところに現れているかというと、新薬の開発に対しても言えることだが、政府は２０１４年度に大学病院の研究成果などを難病に効く新薬の開発につなげるための規制緩和を実施しようとしている。東大病院等の15機関を指定し、その研究成果を製薬会社による検証制度をなるべく省くようにし開発期間を5年ほど縮めようとしている。世界的にも競争力のある日本の大学病院の研究を活かして欧米の医薬品開発に対抗する必用がある。日本はいくら研究してもその成果を買い取って作るのは海外の製薬会社というのがこれまでの流れであり、とてもグローバル化しているとは言えなかった。そして、その制度全体を変えることに関しては特区でなくてはできないであろう。

医薬品の開発は薬として承認される前の物質を人に投与する臨床研究を経て、厚生労働省の承認審査を受けるが、製薬会社による臨床研究、治験で実用化を目指す他、大学病院の臨床研究の成果を製薬会社が買い取ったり、大学病院と製薬会社が共同で研究するなどの場合があるが、日本では大学病院が関わるケースは重ねて治験する必要がある。欧米と異なり、国が定めた臨床研究の実施基準がないために、大学病院の研究の有効性を確かめなくてはならない。その結果、5年ほど遠回りになっている。このような無駄をこの特区では、大学病院の研究成果をそのまま治験結果として認めるようにすることもひとつの案ではある。日本の大学病院の研究水準は世界的に高いにもかかわらず日本の製薬会社によって実用化に結びついた例は少ない。規制のない欧米勢がそれを買い取ることで研究成果がどんどん流出している。要は、大学病院での治験結果をもう一度国が治験するために無駄が多くなる訳である。こういう事態を避けるのが治療特区である。

そして、前述したように治療特区に在住する住民は自分の意志によって特区と契約を結び、その契約も複数あってしかるべきであるが、それぞれの方向によって税金の減税などのメリットを与えるようにすべきである。そうすることで、特区の税収は減るが、多くの臓器提供社を得ることとなり、その結果多くの患者人口と医師人口が流入してくるはずである。

この制度は、本人たちの生きている間の生活環境を死後の臓器提供と交換できるというすばらしいものである。生きている間の生活レベルの向上と住環境の充実は何事にも代え難い。この制度が現在存在していないのが不思議なくらいである。たとえば、生活苦により自殺をするといった人がいるならば、この特区に移り住み臓器提供を契約することで多くの補助を得ることができる。もちろんこの特区に住みながらも臓器提供をしない契約もできる。

この特区の特徴は？

・医療技術の躍進。
・患者の流入による各種収入増。
・脳死した場合のドナー登録者には特権をあたえて消費をうながす。
・ドナー登録者、医療関係者が多数住民移動してくる。
・ドナー希望者も長期滞在する。
・医療機関も移転してくる。

音楽芸術芸能文化特区で文化を育てる

ヴェニスのように、公園や公道、教会などでの芸術活動が自由にできるのがこの特区の特徴である。芸術は自由な表現であるためライセンスを出すといったことは本来は必要のないことである。政策サイドから見れば、何でもよしとすれば、国が恐れるデモやクオリティーの低いパフォーマンスや公序良俗に反するものまで出没することは避けなくてはならない。音楽、芸術における新たなルネッサンスを出そうとは思っていないのがよくわかる。そのひとつの例として、東京都の場合は大道芸に関して一定の基準を設けており、基準を超えた人しか公共の場を使うことは認められていない。これでは本当の芸術とは言えないであろう。では、どの部分で規制を設け、パフォーマンスに対して場を乱さないような計らいをするかというと、それはパフォーマンスそのものをチェックするということよりも、何もかもよしというやからが出てこないためにパフォーマンスそのものに課税するといった方法が考えられる。もし、パフォーマンスを行いたければお金を払いなさい（高額でなくてもいい）といったものである。もしくは、社会貢献を3時間しなさいといったものでもいいだろう。お金がなくても自由にパフォーマンスできる制度を作ればいい。すると、夜2時間のライブをするためにその前の8

時間を道路清掃したりするわけである。そうすることで、無用な公務員の人件費を削減できるだけでなく、町自体に元気が出てくるはずである（これが最善の策ではないとは思われるが、現状ではおもしろい策である）。

パフォーマーが町中に現れることによって人手が増え、そこで新たな消費も生まれることで町は活性化することとなる。ただし、いくら自由とはいえ、倫理委員会を設けて、公序良俗に反するものは取り締まるようにする。それでもという場合は、基準を設け、ここまでやったらこのぐらい課税するといった金額による抑制を行えばいい（秋葉原においてパンチラをした女の子が即刻退去させられたりする地区自身の治定化という方法もあるが本来これもひとつのパフォーマンスであり、それをすることによる課税額を高くすることによって、反対するのではなくそこから利益を生み出す方法を取るのがよい）。

このような特区ができることで、世界中のパフォーマーが集まり、そこで新たな文化が育っていくことになるだろう。

この特区の特徴は？

・芸術文化のレベルアップ。
・観客の増加による観光地化。
・パフォーマンスに対しての課税。イベント収入。
・コンサートなどの増大で関連収入が増大。
・パフォーマーの増加。
・個別にエリア入場税などを目的税として徴収。

ＴＰＰ特区で実験する

いま問題のＴＰＰ（環太平洋戦略的経済連携協定）では、基本的に輸出企業が賛成して農業関係者が反対するという構図になっている。しかし、これら輸出企業や農業といったくくりはひとつの分野でしか過ぎない。その他の分野には、自動車の安全基準、医師や看護における条件、公共事業の入札など多くの分野までＴＰＰでは項目として存在している。

したがって、島国であるわが国においては、ＴＰＰに参加することで移民や公共事業などの入札において不安が多くなっていく。その結果、ＴＰＰを国全体で導入するためにはなかなか問題が多いといえる。そこで特区を設けてＴＰＰ導入に対しての手法として一部のエリアを解放するという手法が最適であると思われる。部分的導入と理解していただいていいが、国全体として部分的に導入するのではなく、制度そのものをすべて受け入れる地区を部分的に作るという意味である。そうすると一国二制度のようなエリアが現れる。いわゆる中国における香港のような場所が発生することとなる。このような形となった場合ＴＰＰ導入エリアが発展するかどうかを見守ることによって、国全体としてＴＰＰを導入するかという判断の基準としやすい。ここが特区活用の最大のメリットである。

ＴＰＰ導入によって食料自給率が14％にまで落ちるとも言われている。これは、日本の農地法が農業を甘やかしていること自体にも問題はあるが、世界的に見て日本の農業の価格的競争力が低いからだといわざるを得ない。ＴＰＰではこの価格的競争力がない分野が巻き込まれるため反対意見が噴出する。

いま農業に対しては、農業者個別所得保障制度というのがあり、販売価格が生産原価を下回ったときには、その差額を国が補償することになっている。米、麦、大豆、馬鈴薯、そば、なたねなどがその対象であるが、そのために農業従事者は、売れなくてもそれらの作物を作ってしまうといった傾向がある。極端な話では、作ってから捨てたとしてもいいということになってしまう。これがＴＰＰ参加によってそうはいかなくなってくる。実際に、この考え方はおかしいはずであるが、食料自給率という戦略的な考え方により、すぐに補助金が付くようになってしまうのがこれまでの日本の制度であった。これを今回のＴＰＰ参加によって変えざるを得なくなる。

たとえば、遺伝子組み換えの作物などもＧＭＯというが、これに関して、日本は農業技術では非常に高い技術を持っている。日本の農法は海外に輸出できるほど高度であるが、そこを国が妙な守り方をしているためにおかしくなっている。これらの問題も、特区を作ることで実験的に戦略的に進めることができるはずである。

これまで関税がゼロといった状況で育った、花農家を考えればいいと思う。厳しい条件の中でも日本の花は世界第4位にまで育ち国際的な競争力もある。もともと日本の付加価値生産性は世界有数で、ここにＴＰＰによって基礎原料といわれている飼料などが安く入ってくることでかえって効果が出てくるといえる。また、鉄鋼やプラスチックなどの工業界もこれまで高く原料を仕入れているにもかかわらず世界2位の売上高であるわけで、それらももっと競争力が出るはずである。ＨＳコードといって９０００品目の打ち合わせ事項があるが、これを完全自由化するのは無理といえるだろう。

日本の完全自由化率は従来から高くはない。ＴＰＰは多国間の協議であるが、ＦＴＡという２国間協議もある。自由化率でいうと、たとえば韓国とアメリカの場合、韓国からアメリカが９８・２％で、アメリカから韓国が９９・２％となっている。日本も様々な国と結んでいるが、たとえば、シンガポールが８４・４％、メキシコが８６％、マレーシアが８４・６％、フィリピンが８８・４％、スイスが８５・６％、ベトナムが８６・５％といった低い水準にある。通常の主要国であればこの２国間協議では９７％以上が普通であるが、日本の場合完全撤廃を行わない９４０品目があって、そのうちの８５０品目が農林水産物であるがためにこのようなことになっている（農業物が７２５品目、水産物が９５品目、林業が３０品目である）。これらを特区で自由化品目にすることで、まずこれは関税いくらそれはいくらと行うオペレーションの費用が削減できる。日本がよく行う数量制限という、関税は自由化になっているが数量は○トンまでというのがあるが、これでは実質は関税をかけているのと同じといえる。TPP参加によって、日本の米が壊滅するという農林水産省の発表があるが、ここでは農作物が4・1兆円（2010年10月）減り、食料自給率が14％になるというのが一人歩きしているためである。米に関していえば、世界生産の中でいうと、海外のものは長流米という長い米であり、日本のものは短流米であることからも異なることがわかる。そのため日本の米が壊滅することはないであろう。しかし、政治家たちは種類が異なるために大丈夫だと思いつつ万が一のことを考えてなかなか踏み出せないのだ。であるからこそ、特区を設けて踏み出せない項目に対して日本全国でオープンするということに対しての危惧を取り払い、部分解放をすることで実験エリアとしてもっていくことが望ましいやり方だといえる。

TPPを推進する特区を作ることによって、水田などは米と野菜の二毛作や日本の水田を海外に作るなどの試みが可能になる。これまで日本の政治は減反させながら関税を上げるといったおかしなことを行ってきた。肉に関しても、もともと輸入制限をしていたが、関税自由化を行うことによりたくさんの危惧はあったが結果輸入肉も増え、さらに危惧とは相反し、国産和牛の需要も増えたのである。

TPPというのは、多国間で行いながら結局アメリカと日本の問題であるといえる。お互いの輸出入の比率が90％を占めることになるからである。そのためアメリカの策略ではないかという意見も聞かれるが、これはＪＡが一方的に言っていることである。たとえば飼料ひとつとっても割高であるようにＪＡはコストが高い体質になっている。しかしこの体質をいまさら変えたくはないと考えている。であれば、極論ではあるが特区ではＪＡをはずしてもいいと思う。

いま国が行っている個別農業補償で使われている８０００億円を財源に特区を行ってもいいはずである。さらに新規就農者に出している補助金も別に使ったほうがいい。未経験の人間に補助金を出すよりも兼業農家を支援していった方がプラスになるはずである。特区では、マーケッティングの人間を用意して農業をスタイリッシュにしていくイメージ作りも必要であろう。現在ＪＡでは海外輸出を行っているがまったく弱い状態であるため、特区では制度の簡素化や言葉のサポートをすることで海外を近いものにすることもでき、これまで守りであった農業を攻めに変えることさえ可能である。特定作物に対する優遇制度も撤廃し、減反政策も撤廃する（実際に２０１７年に撤廃すべきか検討されている）。さらに、農地の価格も見直すべきである。農地として遊びの土地（遊閑地）を作らないために相続税の優遇もなくすのがいいであろう。この特区は、あまり小さな地域ではできないため、四国や九州といった大きなエリアで行うのが理想的である。

ＴＰＰに関して、まず不利益になるのではという恐れが先にあった。しかし、よく考えると貿易政策における千載一遇のチャンスである。日本は世界第４位の輸出大国である。しかしながら、貿易政策では立ち後れた部分が多々ある。膨大な人口を誇り低賃金の労働力を持つ中国だけでなく、韓国等の進化したライバル等にも遅れをとっている。

しかしながら、貿易政策というのは経済の再生や投資家と消費者との信頼感の熟成、日本の地政学的優位の強化に寄与するだろうと思われる。しかも、政府支出はほとんどないのである。

このＴＰＰによるＧＤＰの押し上げ効果はどれくらい見込めるかというと、ジョーンズホプキンス大学のペトリブランダイス教授の試算によると、日本が最も恩恵を受けると発表されている。10年後のＧＤＰは、２・２％、金額にして１１９０億ドル押し上げられるとしている。このようにＴＰＰ交渉参加に対しての日本のメリットは非常に多いが、日本が主に取り組むべき問題点は三点ある。第一に、農業従事者による反対があるが、特区を活用することで骨も切らせず肉も切らせないことが可能になってくる。つまり農業従事者に若者の参入を促すことができることになることでこの問題は解決する。第二に、日本の製造業の空洞化の懸念があげられる。この問題には、移民特区とか法人税特区のようなもので空洞化を差し止めるエリアを設ければ解決できそうる。第三に、アメリカ型の医療を押し付けられ日本の医療を損ないかねないと懸念している人たちがいる。一部の先進薬の認可や保険市場の開放が要求されるであろうが、これはむしろプラスになるはずである。問題があるのであれば、制度的に受け入れるエリアを作ればいいのである。

これらのことを理論的に分析し、日本のＴＰＰ導入にはメリットがあると言っている学者が、ハーバード大学のピーターペトル教授、ミシガン州立大学のミッシェルプラマー教授である。理論的なことにおいて仮説としてプラスになる論調もあるし、逆に反論としてマイナスになる論調もあるのがこのＴＰＰ問題である。ＴＰＰ賛成という方向でこの特区論争を導くのではなくＴＰＰというものに関しては賛成でもなく反対でもないのでエリアを特定しその中で実験をしてみないかというのがこの特区の定義である。

この特区の特徴は？

・試験的に参加できるため反対者も注目し検討できる。
・理論的に成立するのであれば産業が発達することとなり法人税所得税の増大が見込まれる。
・農業特区においては法人化が進み、大規模農業を行うことで競争力のある商品による売り上げ増。
・多くの製造業の誘致が可能となる。
・関税が無い事による、輸出企業の集約。
・関税が無い事による、輸入企業の集約。
・日本中の法人が集約する。
・海外の輸出入企業が支社を作る事による法人税の増加。
・法人が増えることで社員が増え、所得税の増加。

広告特区で自由な発言を行う

広告特区では表現の自由がある程度認められるエリアとなる。それは何かというと、「意見広告」「比較広告」などが自由に表現できることにある。

まず、意見広告には規制を設け、表現が妥当で記名者が責任を持ちうるものであること、広告否定は禁止、紛争中の意見は公共性の高いものを載せる、個人の意見広告も禁止といったものがある。

本来このようなことは自主規制的に行なうべきものだが、実際に日本での制限は非常に強いものとなっている。アメリカ等を見ると、意見広告を出す団体があったり、表現がもっと自由に記名者の責任は問われずに、ある程度発言できるようになっているものが少なくない。要は、社会の自由度が高いのが欧米であり、日本がいつまでも北朝鮮や中国のようなアジア的な制限社会であるのは広告の自由が少ないことからもわかる。つまり成熟度が低いということである。ただし、これを規制なしで自由に何でも発言していいかというとこれもまた国が乱れる元となる（成熟度が低いからである）。本来は無秩序を避けるがために規制は行われているが、これに関しては委員会のようなものを作り、本人が責任を持てなくても広告を許可をする、というシステムを作ることができる広告特区を特定のエリアで持ってもよいと思う。

　公共性の問題や個人の意見でも委員会が認めれば出していいとすれば国の中で自由な発言がもっと幅広く行われることとなるであろう。実際にはネット社会において、ツイッターなどで自由度が広がっており、現実社会としては様々な意見が飛び交っている。現実社会、ＩＴなどの世界における自由な意見の交換と実際の法律社会とではずいぶんとかい離しているように思われる。その部分が特にかけ離れているのが日本ではないだろうか。特区では、町の中の広告や出版物に対しては規制を緩和する特区があってもいいと思うし、そこでは自由な発言が可能となるため多くの文化や意見が生まれ、知識人が集まるものと思われる。実際に日本においては弁護士事務所が広告を出すことは禁止されているし、同時に製薬会社も薬品の効果に対する広告を出すことが禁止されている。そのように禁止されていることが多いために、製薬会社にお

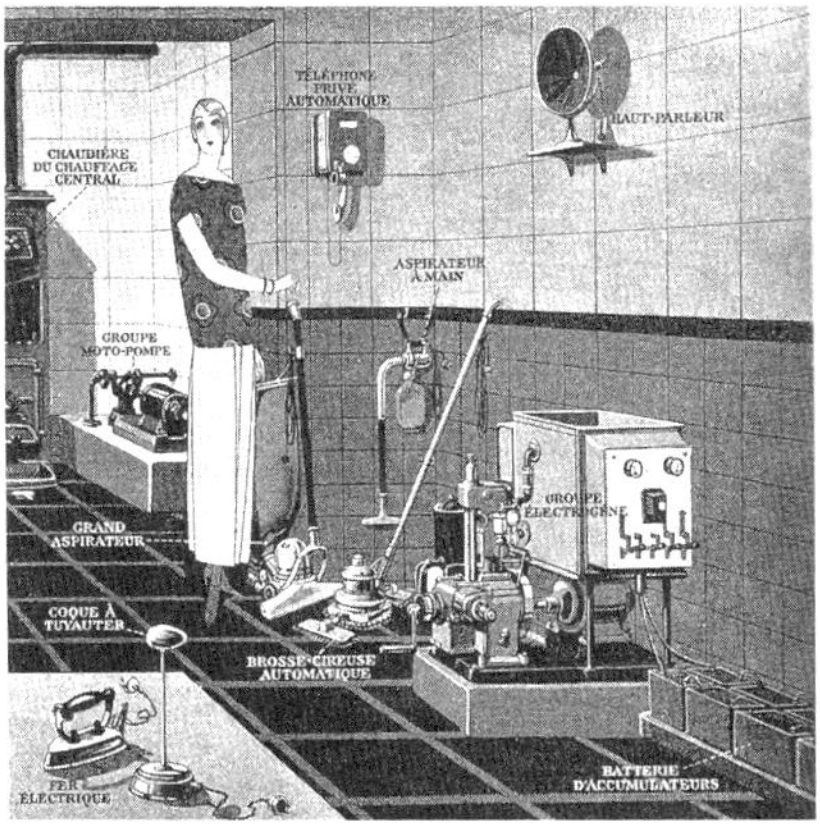

いてはドクターを接待漬けにして薬の効果を個別に宣伝するといった活動が行われている。実際に自由な広告活動が弁護士や製薬会社でも行われてもいいのではと思う。その部分の自由度が欠けるがために文化的に窮屈な国として日本がいまひとつ成熟した国家になりきれていない。もちろんその部分を全国で行うことはリスクが大きい。従って特定のエリアで行うのはとても有効な手段である。

イギリスにはコモンウェルズ公園の中に自由な発言ができる場所があるが、そのような演説ができる場所、いちいちデモの届け出を出さずに演説ができ、自由に聞くことができる場所を危険な場所ととらずに、この国の民族の熟成のために必要な場所として作ることも重要であると思う。

この特区の特徴は？

・広告における広告税を目的税として設定する。そのことによる、多くの法人が集まることによる法人税の増加。
・文化が熟成されるため人が流入する。
・広告が自由になるため、商品のラインナップが増えることで消費が拡大する。

農地と漁業の特区で自由に商売する

いまの日本は、農業と漁業は法律によって守られている。中でも現在の漁業法は１９４９年に明治時代の法律を基に作られた古いもので、漁師しか漁を行ってはならないとなっている。同時に農業にも農地法がある。しかし、この特区ではだれもが堂々と畑を耕し、漁を行い、それを商売にすることができる。その代わりそこに課税を行う必要がある。

この特区においては自分の土地で穫った作物は自分の物となり、公共の海で獲った魚に関しては自分の物となる。これらを自由にすると農業も漁業もダメになると考えるのは大間違いで、本来、農業者や漁業者だけにしか与えられていないものを住民全体に機会均等で与えることを目的とすればいい。既存の農業者や漁業者には個人でなく団体で行うことができる権利を与えるようにし、一般市民においては個人の許可をする。法人レベルでは別の認可制とすればすむことである。課税の方法として

は、年間で徴収してもいいし、その都度入地料、入漁料等として徴収してもよい。たとえば、山に入って何かを穫るのであれば入山料、海に潜って魚を獲るのであれば入海料を取る。これまでの漁業権を設けて禁止するのではなく、すべての人に自然を味わってもらい、それを換金する魅力も同時に得てもらうようにすることでエリアの活性化だけでなく、海や山、田畑への個々人の親近感をもっと強めてもらう。その結果、農業や漁業への理解も深めてもらうのがこのシステムのよいといえる。ただ、全国展開で行うにはあまりにも意見が乱れすぎていて難しい。従って、特定のエリアにおいて既得権者を納得させた上で当システムを導入することによる特区実験が大きく功を奏するものと思われる。

この特区の特徴は？

・自由な農業、漁業への参加で新しい仕組みを構築する。
・硬直化していた農閑地の開発の促進　同時に税収の増加。
・富士山の入山料のような目的税を作成して税収の大幅増大。
・さまざまな新規参入者による新たな農業、漁業の開発や新ビジネスの創出。

シェアリング特区で生活水準を上げる

この特区では、あらゆるものをシェアすることで効率を上げ、産業の推進力を高めることを目標とする。加えて効率のいい生活をすることにより、生活コストを下げることも目的とする。シェアできるものは個々人が負担するのではなく全体で均等割するという考え方である。

駅前の自転車や営業の自動車、ひいてはオフィス自体もシェアをした共同オフィスにし、環境などもシェアする。こうすることで固定費のコストを削減するだけでなく、ネットワークが活性化し、個人や零細企業ではあるが、多くの人間が出入りする大企業のようなダイナミックな動きができるといった可能性を秘めている。つまり、少ない資源と資本で大きな効果を得るためにはこの考え方を導入し、小さな力で大きな効果を引き出そうとする動きとなる。

実際に現代において、オフィスをシェアするという考え方によって、多くの起業家が生まれようとしている。オフィスだけでなくクルマもカーシェアという考え方によって、1台のクルマを多くのオーナーたちが使うという効率的な利用法が浸透してきた。ただ、難しいのはシェアの考え方は一人だけではできないところにある。シェアは複数の人間によって始めなければならない。自転車のシェ

アでも、乗ったところに帰ってくるというのがいまのシェアの考え方であるが、本来は乗り捨てができないと、便利ではないわけである。こういったシェアの考え方の中で、パスワードを持って、いろんなオフィスを使えるといった考え方等も含めて、今後一番便利な町づくりとしては、乗り捨て可能、場所の使い捨て可能といったものでなくてはならない。要は、町自身が大きなハードディスクの役割をして、利用者はお金を払うことで、そのハードディスクの中の自分のデーターにどこの場所でもアクセスできる環境をこの特区では組み上げなくては意味がない。こうすることで一人ひとりのコストは非常に安くなり、使ったら使った分だけ課金され、町の財源となっていくとすればいい。こんなスーパーシェア特区というものを小さいエリアで作ることにより、

そこに起業家だけでなく、多くの感性豊かな人間が集約するであろう。そして、このような物質的な物だけでなく人材的にも共有することも可能なシェアも次の考え方として出てくる数人で同じ秘書を雇うといったことがひとつの例である。

世の中でシェアできるものの中には企業が提案してできるものとインフラ的にできるものとがある。シェアの考え方として、町の中には日当りのいい場所も悪い場所もあるので、日当りのいい人だけが太陽光発電のメリットを享受し、日当りの悪い人は享受されないという考え方を持つのではなく、全体として太陽光発電を頭割りで計算してシェアするのもシェアの考え方のひとつである。さらには、ヒューマンリソースの中における弁護士、会計士などのように常日頃連絡する必要がなく特定の場面にだけ必要な人材においては、個々で雇うのではなく全体で雇うといった考え方も新しい。これらをシェアすることにより、その特区においては、常に弁護士が3人常駐しているという考え方がとても生活水準を上げるにふさわしい状態となるであろう。

このようにシェアというのは、そこに需要があれば、その需要に関してどのようなものでも共有していくといった考え方である。ゆくゆくは、家具等も町が所有して、引っ越すと次の人間が使うといったことまで可能になってくるのではないかと想像できる。多くの意味のシェアを可能にした町づくりをすると、そこには新しい文化が生まれるはずであるし、そこに住みたいといった人たちも増えるはずである。もちろん個々に独立性を重視し、シェアに反対の人はこの特区から出て行く、もしくは、特区における利益を享受しない代わりに課税という部分でシェアから離れることも可能である。シェアの考え方では、まず最初に誰かがクルマを買い、家を買いといったような大きな費用の負担が発生するところから始まることが多い。これを特区が主体として行うことにより住みよい町づくりが可能となってくる。そして、特区はシェアの部分から収入を得て無駄を排除した町づくりによる個々人の収入の増大部分からまた別の施策を考えればいい。

この特区の特徴は？

・様々な固定費のコストダウン。
・シェアリング費の徴収。
・東京都町田市がシェアオフィスで伸びているようにシェアすることで可能性がある企業の誘致が進む。つまり起業家の街となる。
・シェアすることで生活費用が少なくすみ住民負担について割安に感じることによる住民増大。
・シェア案件をチケット制にすることで街の直接収入とすることも可能である。

新素材・新技術の実験特区で技術発展

日本は海外に比べて、物事に対しての導入が遅い。

まず、安全性を徹底的に確認しないと導入できない体質がある。医療特区でも述べたが、新しい治療法などを行う場合の臨床実験に4年も5年もかかる。実際に病気の人が海外で使われている薬を使うのに何年もかかってしまうわけである。これと同じことが、素材に関してもいえる。新しい素材において新しいチャレンジをするのではなく先に安全性の確

認を入念にする傾向にある。これ自身は正しいといえる。

しかし、新しい素材に関しての実験を短期で行うことは薬事法における臨床実験を短くするのに似た効果がある。

たとえば、自分が癌患者であったとして、新しい薬に関して臨床実験なしでもいいというサインができれば使ってもいいといった人は多いはずである。

同時に新しい素材や技術でも同じことが言える。

たとえば、マイクロウェーブなどの最新技術導入に対しても人体に対してどのような影響があるのかを検証するのに何年もかかってしまうと新たな製品を作ることや素材に関しても挑戦ができなくなってしまう。しかし、この特区では希望者がリスク同意の下に使うことで有効活用することを認めるという方向を持てばいい。

活用に当たっての実験を行う場合はメーカーにモニター代として素材利用に関する課税をすることもでき、そしてその課税部分を割り当てることで住民税を軽減されるというメリットを個々人に持たせてもいい。

また、ここでは遺伝子工学食品を入れることも個々人のサインによって認めさせていいと思う。このような様々な実験における新たな挑戦を受け入れることで、日本の新技術は劇的に発展するはずであろうし、これまで100年かかっていたものがその何分の一かで達成できることとなるはずである。

この特区の特徴は？

・迅速に新技術を試すことができ発展に貢献。
・メーカーに対してモニター税を新設。
・住民税が安いことによる人口増加による全体収入の増額。
・素材企業が集約することにより研究開発機関の集約。
・あえて住民には素材情報を正確に送り、その理解とモニター協力を求めることで住民も新い素材を活用したビジネスチャンスを得られる。その新しいビジネスにおける法人税、消費税の確保が見込まれる。
・育った住民が新たなビジネスを生み法人税を拡大できる可能性を広げる。

希少動物特区で日本特有の動物を保護

我が国は四季に恵まれ多くの風光明媚な場所を有しているがために、固有の生物の存在が昔から多く確認されていたが日本カワウソのように従来は日本各地でみられた生き物が絶滅するという悲しい、人のエゴによる自然破壊が行なわれている。本来、ケニアやインド、アメリカなどでもあるような希少動物の保護が必要なはずである。トキに対してだけでなく多くの絶滅危惧種に対して国をあげて一生懸命に保護しようと努力する必要がある。そして、保護することはただ飼いならすということではないということも学ばなくてはならない。たとえば、動物園のゾウの平均寿命は15年だが、野生の場合は攻撃されるというリスクが大きいにもかかわらず平均寿命が55年もある。この差は何かというと、天敵から逃げ、自ら食料を確保するなど、頭を使って生きていくからといえる。今後、この希少動物特区においてはできうる限り、動物園的考えでゃなく、エリアの中に人が住まわせてもらっているという考え方で自然動物との共生という考え方を持つ特区があるべきである。また、絶滅危惧種には遺伝子工学を活用しても許されるべきである。たとえば、まったく別の生物を掛け合わせてミックスを造るのであれば、クローン技術を活用し、生殖することによる種の保存を行なってもよいと思う。

特区には、フィールドポリスを配置し、24時間密猟を監視し、外来種などの駆除などを行う。そして、収入源としては他のエリアからの入場料という形で目的税を徴収するのがよいであろう。また、外来生物による日本固有の希少動物への影響を考えて外来種ハンターという職業の導入も必要であろうし、逆に費用を払って外来種をハンティングするごとで新たな雇用を生むことも可能である。そのようなエリアをこの国のどこに作るのかというと、実際日本には３０００以上の島と国土の４／５が山林で人が入らない場所がかなり残されているので可能なはずである。

この特区の特徴は？

・絶滅危惧種の保護・観察研究。
・他エリアからの入場料徴収。
・レンジャーや保護員をつけることで地区の整備がすすみ、安全な自然にめぐまれた環境をつくることでトレッキングや野生動物観察などレジャースポットとして２次活用できる可能性もつける。
・高額な絶滅種保護プログラムや研究所などが、自然を活用することで安価になる。
・手つかずのエリアが増えるため、映画撮影などの撮影料が見込まれる。

スーパーリサイクル特区でエコタウンを

東京都では、ゴミの分別が5～6種類になっているが、この特区ではゴミの分別を携帯電話に含まれるレアメタルの抽出なども含めて100種類ほどに設定する。さらに、回収物の買取の価格も定めて、物によってどれだけの価値があるかのレクチャーも住民に行ったうえで回収を行う。

これまでは専門の回収業者が行っていたが、日常的にリサイクルを活用する町づくりがこの特区の特徴である。廃棄物やリサイクルの問題は、全国で実施するには反発も多く問題点も出てくるはずなので試験的に特定の特区で行いその後全国に広げるのが理想的な方向といえる。このリサイクルを行うことで住民の手間は増えるが町の収益も期待できるために賛同する自治体もあるはずである。

リサイクルという考えを活かして、町として得た収入で各家庭にディスポーザーを設置し利便性を高めるだけでなく、廃棄物を有機農業に活用するなど、すべてをお金に換えていくシステムを構築していけばよいモデルケースになるはずである。

いまリサイクル法には容器包装リサイクル法、食品リサイクル法、家電リサイクル法、小型家電リサイクル法、自動車リサイクル法、建築廃材リサイクル法があり、これらは強制法ではないが一定の

基準が設けられている。特区では住民合意の上でこのリサイクルを義務付けながらゴミを活かしていくこととなる。その結果、町が綺麗になり、ゴミハウスと言うものもなくなるはずである。

住民自らがリサイクルを推進することで利益を出せることがわかり、町が潤っていくことが実感できるはずだ。

また、この特区では家庭端末などによりリサイクルを集中管理し、収集に関してもシステム化する。同時に、携帯電話などから金（ゴールド）を抽出する高利的な方法なども研究する研究所を作ることもできる。さらには、物を燃やすだけでだけでなくサーマルリサイクルという熱活用しながら発電や給湯をするなど活用方法も様々考えられる。

リサイクルの考え方というのは、物質においては無用な物はなく、すべては再活用できるはずであろうという根幹的な考え方が基本となっている。ここで一番問題となるのはリサイクルすることによって発生する手間によるサービスの部分に費用がかかりすぎるということで、リサイクル品そのものの利潤に対してサービスにかかる費用の方が高価であるために実用化できないというのが現状である。これは一番のリテイラーである住民が理解し強力することでしかこのリサイクルによる利潤追求という方法は乗り切ることができない。そのために、どういった区分によって、どういう物が再利用されやすいかという住民教育も必要となってくる。

つまり、リサイクル特区においては、ただ物を分別するだけではなく、それぞれの物質に対しての理解をするレクチャーも個々の住民に必要となっていき、そのレクチャーに参加することによるポイント制、そして、リサイクルに参加することによって得る利潤を供与するためには、分別に協力する家庭に対してプラスアルファの供与を行う。非協力の家庭に対しては、課税を強化するという明確な供与と費用の考え方を地域の中でだすようにし、極力全家庭が協力する体制に持っていく仕組みを作ることが大事である。

このリサイクル特区によって、得られるノウハウや基準によっては、リサイクル特区外のエリアに対しての再利用物の収集というようにリサイクル特区そのものが利益エンジンとなることが可能になる。さらに、そこで得た研究成果によってそのノウハウを輸出することもエリアとしては推進できることとなるであろう。

また、このリサイクル特区のよいところは、海に近いとか都心が近い等の地域的な特性にはとらわれず、各自治体が実施すると決めた時点で参加できるということで、エリアによる差がなく住民の意思の統一のみで参加できる手軽さがある。


この特区の特徴は？

・金など廃棄物からの抽出技術の獲得と再利用販売による利益供与。
・リサイクル品の再利用による利益の確保。
・サーマルエネルギー活用などによる住民の生活費負担の軽減による住民の増大。
・発電や給油による利用税。

国境の島特区で国境問題を解決する

現実的に人が住める島ではないというのが国境の小さな島の一番の問題である。人が住んでいないために軍隊が駐留したりするわけである。その結果、隣国といさかいが絶えなくなる。北風と太陽の話と同じで、お互いが北風を吹きあっている状態が国境の無人島といえる。ここではそうではなく、離島にいることがメリットとなる特区を作るのが望ましい。その結果、研究者や商人もしくは、一般住民が住むことにより国境紛争に終止符を打つことが可能となることが考えられる。

また、この特区は隣国と共同開発地区にし、無関税で、海洋エネルギーの開発や、エネルギーと食料の補給に関して基地になればいい。そして、これらは第三国にも同じように利用できるようにすればいい。さらに、パスポートに関しても特別扱いをする。

極端な例で言えばカジノを作ってリゾート化してもいいということにもなる。

このように特区を作り、住民税を軽減し、港を作る費用を自治体が負担することで無人島はもっと活用できるはずである。いまの時代はこれまでと違い、技術の進化により電気や水道などのインフラはかなり活用できるようになっていることも後押しするであろう。そして、無人島に人を住まわせる努力を特区として認めるのが国家としての発展につながるといえる。

事実、金門島にカジノを作るという特区構想が、資本主義台湾と社会主義中国の間で実ろうとしている。従来、国境問題で戦いの地として置かれていたエリアにカジノを作ることによって、そこを特区として友好の地へ変貌させようとしている。この考え方のベースになっているのは、人が入れない土地を人が入りたい土地に変えるという考え方である。さて、日本を考えてみると、多くの国境の島

が存在し、その島に年間数兆円の予算を費やしながら国境警備にあたっている。

ここに、生活活動ができるリゾートもしくは、住民、さらには日本国籍を持った人間が常駐するという仕組みができれば、従来かかった予算の費用の削減にもなるし、国境の島そのものを活性化することによって東京一極主義であった日本の魅力がさらに増していくことになる。人の出入りが増加することにより交通網が整備され、国家戦略ではない自然発生的な国家の拡大となることもできうる。これにインフラ整備がプラスされれば、今後は無駄な巡視船での監視やスクランブル出動の回数が減ることにより、大きな国家的な利益を得ることもできるであろう。

この特区の特徴は？

・海洋エネルギーの開発。
・エネルギーの販売。カジノ等の収入。
・離島の開発による国策としての住民定着。
・遠隔エネルギー技術による住民から離れたところの原子力発電所。
・共同開発地区による商業の発達。
・離島開発による国境警備費用の削減。
・遠隔エネルギー技術の発展をふまえた高度エネルギー装置の開発（原子力発電所など）。
・共同開発地区での商業の発展による税収増。

世界初の取り組みとなる子ども特区

海外には孤児を育てる特区のようなものが民間ではすでにある。スペインには数千人の子どもたちを預かってサーカスの技術を教える場所などが有名である。これらは寄付をつのって始めたものであるが、いまでは完全に自立した状態にあるといえる。

子ども特区の意義は、子どもの自主による自治を認めることから始める。スペインの例に習い、15歳から20歳までの比較的年上の子どもたちに関しては、さらに若い世代の子どもたちを指導していく立場を構築していく。そして、この特区の中では学問を学ぶだけでなく仕事も覚え、その取り組みも行う。もちろん警察や消防といった公共のものも子どもが主体的に行うなど、すべての大人の世界の仕組みを子どもに教えて実際に行っていくのがこの特区の特徴である。

本来、父母を失い、子どもだけで生きていかなくてはならない孤児の数は決して少なくはない。それに加えて、父母が育児放棄をしたり、家庭内暴力、もしくは子どもを育てる能力があると認められない親、犯罪性の高い家、それらすべての子どもたちは現実には受け皿が日本にはないといっていい。そして、闇社会に流れていくのが現状である。家庭での取り組みとして警察も民事不介入の姿勢をとっており、新聞においても頻繁にこの問題を取り上げられるが、子どもホットラインといった、子どもが自主的に電話をしてこない限りは、解決できない仕組みとなっている。そして、そのホットラインにかかってくる電話も、名乗らないのが実情なので、ほとんど救うことができていないのが現状である。はたしてそのような受け身的な取り組みだけで世の中の不幸な子どもたちを救えるのかを政府に問いたい。そして、このような問題は日本だけでなく、海外においても言えることであり、特に中国においては一人っ子政策が優先されたために戸籍のない子どもたちが人身売買によって取り交わされているという現状を世界規模で改善していかなくてはならない。そして、子どもたちを救うことにより、新たな若年者人口の活気のある社会の活力を世に送り出すことこそが大切ではないだろうか。決してこの特区では孤児だけではなくそれらのすべての子どもたちの自主的な取り組みと姿勢を特区という名のスクールというようにして、大きな取り組みをエリア内で構築できれば素晴らしい。

現実には自治の方法や勉強を少数の大人の指導者が教えていくことでこの仕組みは実ると思われる。現在の日本においてシルバーといわれる人はまだ若い。シルバー人材から見れば、このような何千何万という不幸な子どもたちを教えていくという業務に自分の人生の生き甲斐を見出す人も少なくないであろう。さらには、いま伝統工芸等の様々な分野で高齢化が進んでおり、後継者のいない技術者が日本にはたくさんいる。多くの技術がこのままその高齢者の死とともに葬り去られようとしてい

るが、そのような技術を残していく貴重な後継者への大きな人材の供給元にもなるはずである。さらには、そのような技術を得ることにより、子どもたちが将来自立して生きていくこともできる。ものづくりの国日本の礎がこの特区では実る可能性が高い。もっと言えば、国内だけでなく世界中にいる貧しくて行き場のない子どもたちを特例で受け入れていくことで特区を活性化させていくことができる。この特区の出身者は将来各界で活躍し、行く末はここから天才が生まれてくることもあろう。ここで、子どもたちは自立して生活していくだけでなく、作った物を地域内外に商品として販売すると

いう技術を身につけることも大切である。特区内のレストランも子どもたちが運営し、外の人が食事に訪れてもいいであろう。そのため、結果的に活気のある生産拠点がここにできる。そして、子どもたちの感性を集約させて、新たなデザイン、考え方、ものの進め方等、すべての発信源になることも可能である。そして、この取り組みは世界も注目するものとしたい。

この特区の特徴は？

・高齢者による子どもたちへの教育の充実を図ることによる雇用の増大。
・高度な技術が受け継がれていくことによる技術立国への礎。
特区における収入案：他エリアからの訪問による収入。
・若年人口の活性化による住民の増大。
・新たな産業の創出による税の増大の可能性。

宗教活動規制特区で新しい文化を創出

この特区の特徴は宗教法人に対して非課税特権を取り払うことである。

従来、宗教法人は非課税であるということが現在の日本の法律であるが、あえてこのエリアでは宗教活動に対して課税をし、その課税を行うことにより、宗教活動に一定以上の負担を与える試みを行なう。当然、負担を与えることにより地域外に移動することはよしとしよう。つまり、その場合は宗教活動の空白地となる可能性もある。ただし、宗教活動においては活動家が皆無となることは考えられず、従来からの宗教活動の無税という考え方をこのエリアからなくすことで多額の課税収入が増えるという見込みの方が大きいと思われる。

本来、宗教活動は非課税であり、利益活動ができないというのが従来の国の考え方であるが、実際には宗教法人が堂々と利益活動を行っており、その活動の費用において何もかも宗教活動として利益を享受しているのが現状である。そのいびつな関係を取り除いていきたいというのがこのエリアの考え方である。宗教法人を特別扱いしないだけで逆に宗教法人そのものも堂々と胸を張ってそのエリアで活動できるという別のメリットもあるのではないだろうか。

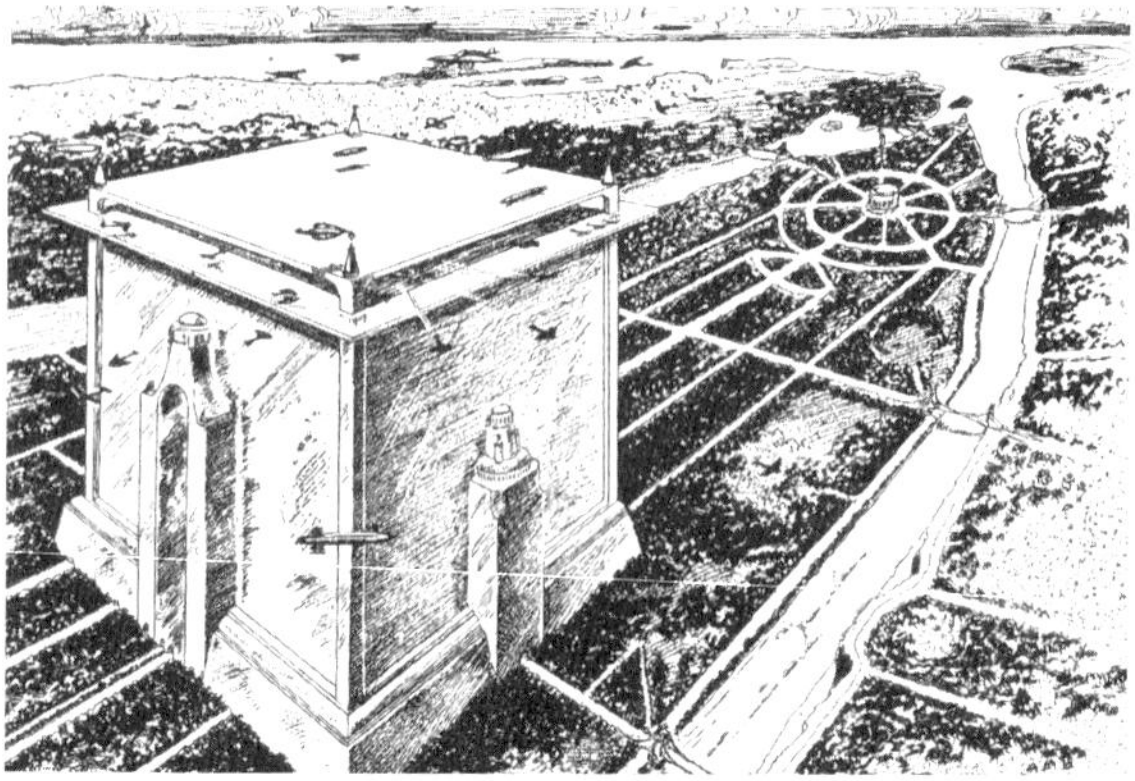

これまで宗教法人に優遇されていた土地活用における メリットを地域に還元することで、宗教家が保持していた土地が市民へと還元される方向へとなる。

もちろん、この取り組みに反対の宗教法人は、この町から出て行くこととなる。よって、怪しげな宗教活動や痛みを伴わない活動は排除され、より宗教活動家としてはまともな活動が残るというメリットもある。さらに、特区内の宗教活動には大幅な課税を行うだけでなく、宗教法人はすべて会社法人とみなして納税対象者として扱うようにする。

たとえばそれが学校経営であろうが、経営である限り法人税の対象としてみなすのがこのエリアの特徴である。同時に、宗教活動に制限を持たせるだけでなく、宗教活動が抑えられることによって出てくる政治活動においても課税する方向に持って行かなければ宗教家を排除して流入してくる政治活動家が増えてしまうと元も子もなくなるからである。このようなこの特区から出て行く宗教法人は少なくないであろう。逆に、この特区を考えるにあたり、全国展開することは異論も多く、不可能であるから地域であるがこそできる取り組みであると考えてよいと思う。世の中には、宗教に頼りたい人もいるが、そう思わない人の方が多いと思われるが、宗教のないことへの自由という生活方式も十分あり得るだろうと考える。

この特区のメリットはイデオロギー的に特殊な人は住まなくなりリベラルな人が多く住む町になる可能性がある。もちろん税収は格段に増えることが予想される。同時に、葬式などのあり方に関して新しい文化が生まれてくる可能性がある。結婚に関してもそうである。

実は、このような特区は多くの町に生まれる可能性が非常に高い。新興宗教ではなく、これらの宗教法人に対して、参入に対しての規制委員会を設けることもひとつの大きな考え方である。要は、住民が参入に関して賛成するかしないかという判断ができる。従来、宗教活動に対して日本では野放し状態であった。従って、オウム真理教がある町に住む場合、それを追い出すことができない状態になる。また、その他のカルト教団が乗り出してくる可能性はどこの町にもある。そして、ビルのオーナーや土地を貸し出した人が了承すれば、その町から追い出すことが非常に困難な状態となるため、イデオロギーとしてすべてのものを受け入れるという姿勢が日本中の中にリスクとしてあるのがこの町からは少なくとも排除される方向である。このような特区を設けることによって、安心した住み心地のいい町作りができることとなる。

この特区の特徴は？

・宗教法人税の課税。
・政治活動税の徴収。
・宗教活動は制限するのでなく課税する。単純税収増。
・イデオロギー的にニュートラルなアカデミックな人たちの流入による新たな文化の創造。

人生再生特区で新しいセカンドライフ

ハリウッド映画の中で誰もが見たことのあるシーンとして、マフィアの裁判で証言した者に対して、FBIの再生プログラムとして新しい名前とパスポート、新しい住所を与えるといった場面がある。はたして、これはアメリカだけの問題であるかというと世界各国においても同じである。そのことに対して国家がサポートする仕組みがこの特区の骨子である。

この人生再生特区に関わる人というのは、先ほどのように裁判で特定の権力に対して不利な発言をしなくてはならなかった人に加え、昨今TVでも問題になっている離婚やDVによるストーカー被害などで、今後も同じ名前で生きていくには2次災害や3次災害の可能性が出てくる人。そして、ヤミ金などの闇の勢力によって追いつめられて、行き場のない生き方をしている人。さらには、学校でイジメなどに遭い、もう生きていくことがギリギリになっている人たち、これらの多くの追いつめられた人生を再生するチャンスを国家として構築していけるのがこの特区の特徴である。もちろんだれもがすぐに名前を変えられる仕組みがあってはいけないが、ある程度の基準を満たした者が逃げ込める場所というのはホットラインではなく、別にあるのだという最低限の救いが必要なのである。

現代の日本では、戸籍制度上匿名で生きることが許されていない。従って、戸籍を追うことによりいつまででも再生が許されないというどうしようもない現実がある。今後は、さらに国民のナンバー制度ができることとなり、そのナンバーを追いかける限り、いつまでも人は税務ということから逃れられないだけでなく、常に第三の魔手から逃れられず生きていかなければならない状況になる可能性が高い。探偵が少し本気になればすぐに住民票などの公的な書類の中でどれだけ引っ越しても魔の手からは逃れることはできない。そのため、死を選ぶ方向にならざるを得ないのが現状である。これらのどうしようもなく自殺する人たちの人口は日本中の交通事故による死亡者よりも多い。もちろん自殺者だけではなく、失踪者という名前で自殺とは関わりなく戸籍制度から逃れ、仮の名前で生きている人もたくさんいるであろう。そして、それらは国家として守られていない。この制度の新しいところは、ＦＢＩの取り

組みと同じように国家としてこれらの人を守っていこうという姿勢になる。従来、死を選ぶしか方法のなかった数万人の人を半数でも救うことによりそれらの人の人口に対する貢献度、さらには今後国家に対して寄与する経済的な活動、そして、実際にこの制度があるということに対する全国民の安心感、さらにはこの制度があることにより悪に立ち向かうことができる人も出てくるであろうし、この制度によって人生を生まれ変わらせ、新しい可能性を築く人も出てくるであろう。このような成熟した国家であればこそできる取り組みは、先進国であるアメリカだけでなく、我が国も各国をリードしていく必要があると思われる。

この特区の特徴は？

・住民の増大（死亡者減）。
・再生することが可能となる国民の安全確保。
・再生プログラムを受けた人材は、一定の社会貢献を義務づけることにより社会に有形無形の利益を生む。
・労働力の再利用。

スーパーリゾート・カジノ特区

カジノ特区を語るにあたり、まず、日本における観光産業の拡大を国土交通省が積極的に取り組んでいるという現実を知っておいて欲しい。ただ、観光収入には世界的に見るとふたつの流れがあり、パリのような観光立国を目指す方向と、もうひとつはゴールドコースト、マカオ、ラスベガス、アトランタのようなカジノを中心とした、リゾートによる観光収入の増大といったものである。

日本において、カジノ法案が現在取りざたされているが、実際に日本国民は世界でも有数のカジノ好きなポテンシャルを持っていると言える。日本中の駅前や郊外にあるパチンコ業界において、年間のパチンコ消費は年々減少しているとはいえ２０１２年においては、19兆円という金額が公表されている。つまり、ＪＲＡのような公営ギャンブルやパチンコ業界のような特殊団体のギャンブル売上の総額は、各国の平均を比べても群を抜くものである。つまり日本において、カジノが開催されると訪日外国人だけでなく、日本国民による消費も莫大なものになるであろうと想定されている。実際にそれを日本各地で行うのではなく、特定のエリアにおいて特区を作ることにより、そこのエリアにおける、警備の強化や収入の集中などをすみやかに管理できるようになる。それは、ネバダ州ラスベガ

STRASSBUR

スによるネバダ州の法律と隣接するカリフォルニア州の法律が違うことと類似している。カジノは全国で行うものではなく、特定のエリアに集中して様々な個々の法令を作ることが必要となってくる。現実、特区においては電通が特区チームを2チーム作っているように水面下では多くの特区立候補地が出てきている。沖縄、大阪（夢洲《しま》）、東京（お台場）、福島、仙台。現的に一番リードしているのは東京お台場である。お台場での特区構想が、フジTV、三井不動産、鹿島などの共同で提出されている。

カジノ特区の特徴として、莫大な税収の増大が見込まれ、同時に宿泊施設、レストランなどの付帯観光収入が増大することに加え、雇用の増大による住民税の増加、同時に海外からの訪日外国人からの外貨が恐ろしいスピードで流れてくるであろうと思われる。また、カジノ特区における、収入の源においては、何ら懸念することはないであろう。さらに、安全神話のある日本で、カジノが開催されることにより、世界中から多くのギャンブラー、または、一般市民が訪れるものと予想される。そこで重要となってくるのが、ラスベガスやマカオのような顧客への返還の歩合は93~96%と言われているが、これが日本でもできるかどうかによってカジノ特区の成否が決定されるであろう。その歩留り率に関しては、パチンコ業界やJRAのように海外のカジノと比べて悪い業界、つまり親の寺銭が多い業界がカジノ特区に関してどのような圧力をかけ、歩留り率を変えようとするか否かによって綱引きが行われ、カジノ特区が有名無実のものになるのかスパーリゾートになるのかがかかっているといえる。
東京都でカジノ特区が成立する要件で必要なのは住民による過半数の賛同を得ることが必要不可欠である。国が押し付ける特区ではないという形を取ることで対外的にも公明正大なリゾートとして、日本型カジノ特区ができることとなる。

この特区の特徴は？

・世界中からの観光客誘致による経済効果の増大。
・税収の増加。
・インフラ整備が進む。
・直接なものだけでなく間接的な雇用の創出が見込まれる。

第三章

特区の概要

特区のあり方

特区には必要な点がいくつかある。

現在進められている戦略特区とは違い、今回本書で述べている特区の在り方について説明したい。自治体主導の戦略特区ではなく、本来は住民主導であるべき特区は、特区そのものの在り方を変えるぐらいインパクトのあるものであるから、その在り方をしっかりふまえて作ることで特区自身の存在が確固たるものとなり、さらに、ベースが強いこともあり成功する可能性が飛躍的に高まると言える。

まず、1番目には住民の合意が必要である。特区は国家の基本的な法律とは相反する動きをする部分も少なくないので、その部分は住民の合意が必要とならざるを得ない。そのためには特区を推進するかどうかの直接投票を行い、住民の過半数の支持は必要といえる。では、無投票の人や反対する人の権利はどうなるかというと、その反対者に関しては、特区の外に出れば従来の権利はそのまま活用できるわけである。そのため特区の中においての権利として採択すれば、元々制度に反対する人は外に出れば別の解決ができるというところが大きな特徴になる。

2番目に必要なのは、収支の確立である。特区になれる奇抜なアイデアはいくらでもあるが、現実的には収入と支出を考えなくてはならない。そのための有効な方法として、特区としての目的税の導入が必要であろう。特区において、成立するか否かの大きなポイントは、収入源が確立できているかどうかというのが必要不可欠となる。従来も各自治体で多くの特区構想が出ていたが、そのすべての特区構想においてアイデアだけで終わってしまうことがよく見られた。収入のない支出を考える特区構想は無用な特区構想で収支のバランスを考えながら推進していくことで実際には実っていくものである。

3番目には、国境のようなボーダーが必要である。特区である限りエリアの区別がはっきりわからなくてはならない。この特区の試みがよければ市町村単位でエリアが広がっていくと考えられるが、そのためには確実に特区の内容を受けられるエリアとそうでないエリアがはっきりと別れていないとならない。そして、特区の試みがよくて、広がっていき最終的に国全体に行渡れば特区の役割は終わり、国の国家戦略として進化できることになるであろう。

4番目に必要なのは、エリア内だけでなくエリア外からの利益を得る構造が必要である。子ども特区であればそこで育った魚屋さんが全国の労働力として活躍するとか、再生特区から生まれ変わった人が、再教育によりすばらしい人材として育ちエリア外に出る可能性があるといったことでもいい。

それだけでなく、医療特区による様々な治療を医療特区外の人が受益できる仕組みも作ることにより、特区の素晴らしさを広げることもでき、利益も増えることとなる。

5番目に必要なのは、それぞれの特区における運営委員会の推進である。そこには省庁間をクロスオーバーできる人材が必要となるであろう。特区の運営には膨大な作業が伴うはずであるため、ある程度の役職を経験した役人経験者が必要となる。従来の日本においては、縦の組織は強固であるが、横の連携ができていないというようなことが、多くの省庁間で見られた。

いつまでも保育園と幼稚園が一体となった子ども園ができないのもその理由として取り上げられる。さらに、この特区において国家戦略とは異なる特区独自の戦略を持たなくてはならないということで国家との折衝が多くの労力を要するため、ここには運営委員会として、しっかりした人材を揃える必要が出てくる。

6番目は、特区は鎖国ではなく地域外に加え、海外にも目を向けたグローバルなものでなくてはならない。そのため、インターナショナルな人材が必要不可欠といえる。特区のイメージでいえば、シンガポールがまさにそのものである。2013年シンガポールにおいては、アメリカのイエール大学のシンガポール校ができたように、元々英語文化圏であるがために取り入れやすい部分もあるであろうが、このようなグローバルな感性が今後は必要となってくる。

7番目は、5年とか10年といった時限的なチェック機能が必要である。行われる特区構想の内容の見直しは常に必要であるが、すぐに結果を得るような短期的な動きは取るべきではない。特区自身の再評価をどのタイミングで行い、それによって特区が機能していない場合、短期で止めてしまうのではなく、中長期の再評価ポイントをどこに設けるのかといったことも重要である。

8番目は、7番目の時限的なチェック見直しのために必要なのが評価委員会というものである。この評価委員会では3つの評価がある。1、エリア内の評価。2、政府の評価。3、海外の評価。この3つにより存在の意義を検証するのが評価委員会である。

9番目は、国民への説明責任が必要である。地域内での出来事ではあるが、地域外と国の協力なしではできない特区構想なので国民に対して定期的なレポートを出し、いい面悪い面を検証し、どのような進化が見られたり、フラストレーションが起きたかなど実験的な意味合いを込めて多くのことをレポートする必要がある。エリアの取り組みでその中における利益だけではなく、それが国にとってどれだけプラスになるかということを国民に対して説明することが国民の理解を深めることとなり、エリア内だけの満足で終わらないことが重要である。

10番目は、ストーリー作りの必要性。特区の方向性を明確にし、目的をはっきりさせ、この先どこに向かって行くのかをしっかりとストーリーにする必要がある。。特区というものは進化するものであり、その導かれる成果によって、特区内だけでなく、特区外や世界に対して広げて行くといった進化の可能性を秘めているためその部分のストーリー作りは重要となる。

11番目に、地域内の住民においては直接選挙でスタートしたそのままでほっておくのではなく、成りったった特区においての住民に対しての勉強会を開き、自己啓発に励んでもらうのが特区成功の秘訣である。恐る恐る始めた特区に対して成果だけを求めるのではなく定期的な説明会、勉強会、さらには個々の住民の向上などをふまえ、幅広く地域内を活性化することが重要である。

特区の手法

世の中の問題の数だけ特区のアイデアは出てくるはずである。その中で、ここに特区の設立に関して必須ポイントを挙げてみよう。

特区の設立においては、まずニーズがなくてはならない。同時に管理的なプロセスが一気に進まなくてはならないであろう。何かを決めるときに迅速に決まらなくては特区はいつまでたっても成立しない。いまの日本は、たった1つを進めるのに4～5年もかかってしまうのが現状である。シンガポールなどは会議からわずか2ヶ月で実施してしまう。このスピード感はグローバルな時代には必要不可欠といえる。

たとえば、韓国のサムスンに日本のメーカーが負けたのは決定権の遅さのためである。サムスンはトップの権力が強いために決定が早いといえるからである。日本のメーカーがぐずぐずしている間に技術者を抜かれたりしたために随分遅れてしまうことになった。

同じように、特区では決め事に対してスピード感が必要になる。しかも、特区の場合は失敗すればすぐにやめることができるため、どんどんスピードアップしてとりあえず実行していくのがいいであろう。労を尽くしアイデアを出し尽くしたところで施行するという国の法律とは別の次元のスピードで行わなくてはならない。そのためにはリサーチが必要で、社会のニーズだけでなく個々のエリアの住民のニーズを調べる必要がある。同時にプロセスとしてはすみやかに意思確認をできる仕組みが必要であろう。

この意思確認を行う場合には、通常は投票を紙で行うが、これは手間も予算もかかる。そこで、町単位で個人アドレスを持つような仕組みが必要だと思う。そのインフラがあると何かあるたびに住民に投票させて採決していくことができる。この住民投票に関しては、より広く意見を聞くために、15

歳以上を対象に意見を聞くことも必要ではないかと思う。

次に重要なのは、ステークホルダー（物事に対して得をする人）を知る必要性である。この特区の決め事ではいったいだれが得をするのかを知らなくてはならないであろう。このステークホルダーがどこにあって、どういうメリットがあるかをサッとリサーチできる機能が重要である。そのために特区では、それぞれの立場（生産者や小売など）におけるシナリオを作っていかなくてはならない。そこで社会の流れに対してどういうことがイメージできるかが大切であり、この特区が広がって全国区になった場合にどうなるのかも考えなくてはならない。物事には、スケールメリットとスケールデメリットがあることも知らなくてはならないからである。

さらに、特区におけるトップマネージメントはどうかも決めておかなくてはならない。国との関係や、どの時期までを特区で行うかを話しておく必要がある。そうしないと国の意向だけで変更されてしまうことがあるかもしれないからだ。

付録小説

特区が僕らの日本を変えた

高層階の窓を見下ろすとそこはものものしい警備が建物を囲んでいる。空にはヘリのけたたましい音が耳をつんざく。２０××年春、今日本にとって歴史的な瞬間が始まろうとしていた。敗戦国日本が永遠になし得ないと思われていた瞬間。それが今なのか、次郎は木漏れ日の外を目を細めて遠くをみつめた。

「総理、お時間ですよ」追憶の時間を引き裂くかのように精悍な声が響いた。

「これから始まる常任理事国入りのスピーチを国民がかたずを呑んで待っています。総理、急いでください」

生真面目な、いかにも戦略家然とした外務事務次官の関口が何かに追われたようにせっつく。

「君たちは席をしばらく外して関口君と二人にさせてくれないか」

「しかし、それでは各国の元首を待たせることになります」事務官が泣きそうな声で叫んだ。

「待たせておけ。仮にも我々は１００年近く、真の立国まで待たされた。いや、戦後が続いたのだから各国の元首達もこの数分は許してくれるだろう。

重厚なドアがパタンと閉まり、次郎と外務事務次官が二人になった。

二人は目を見かわした。回りにもう誰も居ないのを確認して「和也！」「次郎いやフィデル」きつく抱き合った。

「まさか俺達がここで会うとは。あの時から居なくなったので本当に自殺したんじゃないかと思っていたよ。そんな、フィデルが総理とは、それもこれから歴史に名を残そうとするなんて」

「おいおい和也、その名はもう俺は再生プログラムで捨てたんだぜ。俺は今は柳田次郎。困るなそんなことで過去を生き返らせては」

「そうだった。柳田総理　いや次郎さん」

「そうそう、和也お前こそ医療特区で奇跡の生還したんだろ」

２０１２年、戦後60年を超えた日本は疲弊して衰退の途をたどっていた。政権は頻繁に変わり高齢化は始まり、誰もが先の無い無力感に襲われていた時、フィデルは思春期を迎えていた。フィデルは帰国子女、聞こえはいいが日本語がへたな、空気の読めない少年。ご多分にもれず、言葉の壁と文化の壁の中、強烈なイジメに苦しんでいた。先進国の中でも突出して自殺率が高いこの国は色の違う者を排除する単一民族ならではの悲しい習性があるようだ。そのような中で思春期を迎えてもフィデルは青春を謳歌なんてしていなかった。恋愛なんて余裕のある人がすることだとイジメを受けた人は感じるであろう。どう一日を乗り切るかがまず毎日の日課であった。政党政治のゆがみか小選挙区制のひずみか、時の政権は大きな決定事項を一つも進めることができなかった。衆議院と参議院のねじれもあり決定ができない仕組みができあがっていた。まさしく末世。そのようななかで地方に限り権限を許す特区という手法が注目をあびており、いつの間にかいくつかの特区が申請ベースで発生していた。中には自殺特区という変わった特区すらできたということを新聞が小さく載せていた。「ふん」覚めた目で新聞を眺め、重い腰をあげて玄関の扉をあけて学校に歩き出した。フィデルは自殺したいとは思わなかったので関係無かった。逃げるのが解決というような、そんな生き方は彼のどこかが許さなかった。

ある夏の日、セミが泣き叫ぶ赤ちゃんのように聞こえる真夏、隣の空き家に色の白い男の子が引っ越して来た。後で親から同じ学年だとフィデルは聞いた。なぜか犬をかわいがる和也を見て、友達になれそうな予感がし「俺も触っていい」と勇気をもって話しかけた。

和也にはフィデルにない優しさがあった。現実離れした気品とたたずまいが彼にはあった。それが、病気のせいだというのは、親どうしが話しているのを聞き耳をたてているうちに、朧ながら命の炎の青く燃える様が和也なのだと思えた。移植することでしか病気が治る事がない、というのも和也本人の口から聞いた。なら、どうして移植しないのかとフィデルは和也に聞いたが、日本では移植の許可がおりないということと移植の権威が日本では手術を許さないという仕組みを知って、なんだ制度のせいなのかと憤った。何かこの国はおかしいと感じたが、どうしようもないということだけが重い現実としてのしかかった。

自分が幸せでないことはフィデルは我慢できた。それは自分が我慢すればすむことだから。

春になって新学期が訪れ、桜の季節のある日、近所の駄菓子屋の角、和也の自転車が無残に転がされているのが見えた。「和也!」声をあげて角を曲がった時、公園の一角で和也が近所でも札付きの不良に連れていかれるが見えた。「怖い」体がすくんで逃げ出したかったが、ここで逃げたら俺には何も残らない。そう思ったら体がいつのまにか動いていた。思いっきり体当たりして和也から金をまきあげようとしていた、自分より一回り以上大きな不良に「返せ~」と叫びながら飛びついた。

奇跡が起きた。たまたまぶつかったときに相手の鼻にフィデルの頭があたって相手が鼻を押さえて怯んだ。「今だ、いくぞ」

和也の手をとって商店街の角を曲がった。「俺たちやるじゃん」なんだか愉快だった。久しぶりに心から笑った。「なんだ、そのパンダみたいな顔」

家に着くと玄関に大きな靴がいくつか並んでいた。

「ただいま」と声をかけるやいなやお袋が泣いている姿が見えた。何だろ、俺が守らなきゃと近づいたとたんに、

「残念ながら君に任意同行で警察まで来てもらう」突然、両脇を大きな手で掴まれた。靴は刑事さんで、被害者のはずの不良のボスが傷害ということで警察に被害届を出していたのだ。

理不尽という言葉がぴったりの出来事だった。日本語があまり上手じゃないのがかえって警察でフィデルの立場を不利にした。

相手は親が治療費の請求までしていた。被害者である自分が加害者になるなんて、相手は目撃者として仲間を第三者のように振る舞わせて不利な証言を繰り広げた。和也の証言しかない、そう思って和也に聞いてくれと叫んだ。刑事は冷たく言った。君の友達の和也くんは、今病院にいて持病のため危険な状態だと。

誰も守ってくれない。もうこの世から自分を消し去りたい。そう思った時に朝見た新聞の見出しを思い出した。

２０１５年、政権は様々な政策的な問題を解決すべく特区ドクトリンという政策手法を取り、実験都市を様々作った。政権末期の手法であった。それは全国区では何も決めきれない政治の副産物であった。後にその手法が日本を再生させることとなるなど誰も思っていなかった。そのような中で色々な特区が生まれた。後に理論として特区ドクトリンと新政策手法はこのような偶然で生まれて来た。地方は知恵をこらして交付税を配布してもらうために様々な特区がタケノコのように生まれた。所得税特区、法人税特区、スポーツ特区、国防特区、騒音特区、風営法特区、カジノ特区など特定の目的を持たせた特区がでてきた。その中で死にたい人を思いとどまらせる街、自殺特区（これは仇名で実際には再生特区）がその一つとして存在した。

そこに行けばどうなるかは全くわからなかったが自然と足がそこに向かった。再生特区を目指す人は全ての運賃が無料になるということだけ知っていた。そしてそこに行けば、無料で宿泊できるということが書いてあった。

再生の街に着いた。もう秋も深い。時間も遅い。寒さと飢えが急に襲ってきた。その時「これを着なさい」再生の街の駅員が彼の肩にカーディガンをかけてくれた。駅には食堂があった。そこは食事までも配給された。自殺者はまず満腹にさせることで気持ちを落ち着かせることができる。この特区の住民はマニュアルが配られていた。笑顔をもって話かける。理由は聞かない。そっとナイフとか凶器類が無いかを確認する。身元が判っても警察組織のようにすぐに家に連絡しない。かつて家庭内暴力によって家族に引き渡したあとで保護された人が殺されたなどの悲しい経験が生かされていた。むさぼるようにご飯をたべたら、眠気が襲ってきた。気が付いたら椅子で倒れるように寝ていた。

遠くで・・・「この子はレベルＡだな。かなり危なかったな」フィデルは死んだように寝入った。

２０１２年自殺が大きな問題になっていた。

ついに交通事故死を自殺者が追い越す事になってしまい。昭和50年には2万人だった自殺者が平成18年には３２１６６人。ただでさえ人口が減る方向に向かっている日本において大きな問題であった。

新生児を3万人増加させるのに何千億使うのであれば死に行くものを生かそうではないかということが自殺特区の始まりであった。再生の街は勤労人口の不足から生まれた。

フィデルが次郎として生まれるきっかけであった。

もともと死ぬために街に来た彼は強かった。それは再生の街で生まれ変わった皆に言えた。一度死ぬ覚悟をしたものは強い。スポーツにおいても勉強においても加減することを知らなかった。むしろ、頑張りすぎて死ねたら本望なので狂ったように頑張る傾向にあった。

再生の街では生きようとしているものへのプログラムとして新しい名前をくれるオプションが戸籍法を曲げて認められていた。彼は戦後進駐軍とまともにぶつかって生きた白洲次郎にあこがれを持った。そして再生の街の審査会で次郎という新しい名前を手に入れることがかなった。制度によって彼は生き返った。

制度を作るのは政治だ。その政治が俺を助けた。自分は政治家になって多くの人を助けたいと強く思った。

末世で生まれた特区に対して、単なる偶然ではない理論的な補足が必要であることを彼は強く感じた。このままで政治が大きく変わればこの制度は無くなる。その前に特区においての成果を理論にしなくてはならない。そう彼は強く感じた。多くの特区は制度破たんしており、特区が必ずしも成功するものでないということも調べるうちに判ってきた。

そのような中で偶然彼は医療特区の循環器内科の医者の論文を読む中で、水野和也の名前を見つけた。本来、再生の街で生まれ変わった人は前世（正確には名義変更前）の人物との接触は望ましいものではない。だが彼は和也に会いに行った。病院の庭で患者と話をしている彼はかつてのひ弱なイメージではなかった。真っ黒に日焼けして健康そのものであった。驚かせたらどうしよう。覚えてなかったらどうする。多くの不安の中で声を掛けられずにいた。そのうち自然に和也の目がこちらを見た。不思議そうな顔がそのうち驚きにかわり、涙でいっぱいになった。

「いつか会えると思ったよ」万感の思いで二人は嗚咽した。

和也は医療特区の制度で移植が実り、日本語ができない日本で医師免許の無い海外医師の治療で生き返っていたのだ。

政治家として特区ドクトリンを完成させたいフィデルの気持ちを和也は受け止めて、特区制度の調査が始まった。

制度として完成させる経緯の中で欠かせないものとして目的税による収入の確保が必須条件であることが判った。どんなに良い制度でも収入が伴わないと駄制度となる。そんな現実がつきつけられた。取捨選択しながらフィデルは次郎として和也と二人三脚で政治家としてまっしぐらにすすんでいった。地方議会から中央に、そして無所属議員から政党としての議員達の求心力をつけて政策提案を繰り広げた。

理論が伴なってくるにつれて、理にかなった特区が制度としてだけでなく、進化して副次的な発明物や人材を産んでいく事がわかってきた。

自然発生的な特区は海外にも多くある。一つの国の中に複数の制度がある。これが特区という言葉の基本であり、中国の中にある香港。アメリカの中のラスベガスのように特別なエリアをさすが、それぞれが計画的な発生では無く自然発生で特区として成立したものであった。ただ日本では特区は制度として完成させるべきであるという考え方が浸透してきた。

この特区の動きが日本の奇跡的な再生を促すことになった。

2013年、親日である最後の開発国と言われたミャンマーのヤンゴンにディラワ特別区ができミャンマーが最貧国から急激な進化をたどることになった。隣国の台湾には20××年ついに住民投票の結果、台湾の離島、馬祖列島(連江県)において米リゾート開発大手のウェイドナー・リゾーツの提案によるカジノ特区が立ち上がり、リゾート開発のみならず経済的なさらなる発展を台湾が歩みだした。カジノ特区により中国からの軍事的な侵略すらも克服した台湾を見てようやく日本政府も特区の在り方に目覚めた。次郎はそのような世論を正しい方向に導くことに政治家として専念していった。

そこから驚くべき日本の発展が始まった。

次郎が救われた自殺特区は少数だが人口減少の歯止めになった。医療特区によって多くの患者が救われていくことにより特区の人口が微増し始めた。医療特区には患者だけでなく世界中の医療関係者が流れてきた。高度な技術を持った人材が日本の人口増の後押しになった。その中で国籍として日本を選ぶ者が少なくなかった。それは患者として日本で治療して日本に移民する者も後を絶たなかった。彼らは、移民特区が受け入れ準備をしていたので移民特区の税収は格段に伸びた。

特区開始からまもなく日本の人口減がピタッと止まることになった。国に若い力が戻ってきた。

法人税特区には海外に流出した企業が戻ってきた。それだけはなく、日本の労働力の信頼度を頼って外資系企業ですら日本をアジア経済の中心地として進出を図りだした。特に金融特区にはシンガポールやロンドン、ニューヨークから多くの金融大手がインフラと政治の安定度を頼り日本になだれのように進出を始めた。

いつまでも決着がつかないＴＰＰ問題。これも思わぬところから糸口が掴めた。新種の「ゆめぴりか」「さがびより」などが本州の米を圧倒し始め、米作の世界で後発だった北海道と九州がＴＰＰ特区として手をあげた。元より本州より土地があり大規模農家経営がやりやすい環境にあったこの地域は、ＴＰＰに対して抵抗が少なかった。特に九州は温かいので二毛作が選択できる土地であり農作物での外圧に対しての抵抗が他の土地より少なかった。それで真っ先に特区として歩きだした。

どうせうまくいかないに違いない。他のエリアの農家の失笑する姿を後ろに九州農業は独自のマーケティングで海外の安い農作物とは別の市場の評価を得ることとなった。無関税となった農作物は海外の胃袋に直接販路を広げ、なんと日本食ブームにも乗って爆発的に売れ出した。そこにはもちろん、次郎達の新日本政府の農業マーケティング専門委員会による綿密なサポートも後押しした。特区に反対する農家や失敗した農家は特区から出て行った。そのサポートも政府の業務として円滑に行い、逆に特区を希望する農家と土地交換の土地バンク制度を設置することとなった。悲しむものは少なかった。次郎たちが目指したのは世界一の農業国、アメリカ合衆国のビジネスモデルではなく九州と同じぐらいの大きさしか無いのに、世界第2の農業国オランダの効率農業経営を手本とした。これが功を奏した。

スポーツ特区が実り、日本のオリンピックメダル獲得数が倍増した。かつて隣国の韓国にすら及ばなかった老いる国の姿はそこにはなかった。国民はメダルの数と共に自信をとり戻どした。

国防功労者特区、防衛特区によって日本の防衛能力が格段に進歩し始めた。防衛庁が防衛省になることや国防軍という言葉のまやかしではなく、真にこの国に必要だったのは国に尽くした人を敬愛し、生涯を守る制度と気持ちであったことがわかった。防衛特区からは画期的な発明が生まれることとなった。それはウランに特定の光線をあてることで瞬時に別の物質に変えるという技術であった。この技術によって世界中の核弾頭がまったくの無力化することとなった。もちろん発明は極秘の中で軍事特区で行われ。特区の中で情報漏えいを未然に防ぎ、日本の全ての防衛線だけでなく世界中の核施設に衛星から照準を合わせた時点で日本政府によって国連の場で発表された。世界の軍事地図が変わった。

今や日本は世界の頭脳であり、成長のリーダーであった。かたくなに日本の国際連盟入りをこばんでいた中国、ロシアは日本の常任理事国入りを拒むのをやめるだけでなく、それぞれが非公式に理事国入りの打診をしてきた。

そこには尖閣や北方領土などを日本がリードする特区ドクトリンの中に組み込んで、両国の共同開発区としての存在提案が基軸にもなっていた。共同開発区は在留資格特区でもあるので成長エンジンとしても使われ始めた。

政治だけは無かった。カジノ特区や風営法特区、騒音特区などができて窮屈だった文化のしめつけが終わり新い文化が生まれて来た。インターネットなどの革新も遊びから生まれた例があるように、多くの遊び文化が日本から世界に発信されるようになった。アニメ特区などの面白い特区ができてコンテンツ大国として文化面でも日本がリードを始めた。楽しくて住みやすい国がこうして生まれて来た。

「行きますよ。」ドアが開けられて、会場の中を次郎が歩み出すと万雷の拍手が出迎えた。

20××年。日本は念願の常任理事国入りを迎えた。

さて、次のステップに行くか。次郎は和也に目配せした。そう、次は世界政府管理による科学技術のデータ集約と、小火器などの火器の無い世界の構築。世界警察とボーダレスの自由貿易圏。そして、特区の制度を日本発から世界へと広げて、多くの人類史上様々な実験を夢のある人類の未来へと進むために動かねばば。輝かしき未来へと。

あとがき

本書を書き始めた時は「特区」と言うワードも、「ドクトリン」というワードの使い方も一般的ではなかったが、出版するころになり、どちらの単語も毎日の新聞を賑わせるワードとなった。

ドクトリン（Doctrine）とは、政治や外交あるいは軍事等における基本原則をいう言葉で、アメリカでは大統領が方針を述べる時に使うために一般的なワードである。一方日本では、吉田茂が治政の後に死後「吉田ドクトリン」と評価されるものとして使われた。このワードをキーワードとして、私は可能性という意味も含め、「特区ドクトリン」という名にしたためた。

本に言霊が宿り、良い本は時代に色あせずに成長や進化していくものとすれば　本書は成長する可能性を秘めたものであることを感じる。

このような治政や方針を書くのは時代の流れが変わることで難しいと言われるが、大きく見て、日本人論、国際政治学論として色あせることなく読んでもらえるものと確信している。

本書のプロモーション映像が YouTube でご覧になれます。
http://bit.ly/1rASrjv

★Special Thanks★
（株）COCORO FREE
メディアプロデューサー : 北都
動画編集 : TETSU
音楽協力 : 諸橋　邦行
イラスト : 奈津羽

特区ドクトリン

2014 年 7 月 10 日　第 1 刷発行

著　者　高橋 フィデル
発行者　飯塚 行男
編　集　宮崎　博
装　丁　若園 宗志（FACTORY GRINA）
印刷・製本　キャップス

株式会社 飯塚書店
〒112-0002 東京都文京区小石川5-16-4
TEL03-3815-3805　FAX03-3815-3810
http://izbooks.co.jp
郵便振替00130-6-13014

ISBN978-4-7522-6020-2
Printed in Japan